この世で
いちばん
臆病
な
投資生活

福田猛

サンマーク出版

「え〜？　それホントなの〜？」
と、信じてもらえないかもしれませんが、
投資でいちばん大切なのは、
メンタルです。

「将棋はメンタルの競技だ」

「受験はメンタルが9割」

「メンタルを制する者が、スポーツを制する」

そんな言葉、よく聞きませんか?

知識や努力がどれだけ優れていても、
最後は、メンタルがそれらを左右すると
いわれてきました。

じつは投資も、勉学やスポーツと同じです。

結局のところ、メンタルがすべてを左右します。

専門家の多くがうすうす勘づいているのに、
なぜかだーれも言ってくれないので、
私がこの本でハッキリ言おうと思いました。
投資って「メンタルが命」なんです！

しかもありがたいことに、
スポーツ選手のような「強いメンタル」は要りません。
将棋の棋士のように「柔軟でしなやかなメンタル」も
要りません。
（だけど藤井聡太さんだったら、投資をやっても、
きっとすごいでしょうね！）

そんなの、誰もが簡単に身につけられたら、
世の中、プロ選手、プロ棋士だらけですよね。

いま、どこかから
「もったいぶらないで言いなさい！」

って声が聞こえた気がします。

じゃあ、お教えしますね。

投資でうまくいくのは――


ずばり「メンタルが変わらない人」です。

性格がコロコロ変わらない人ほど、向いています。

投資っていわば、長～い時間をかけた
お金とのお散歩みたいなもの。
これから5年、10年、20年と歩きたいので
急に走り出したり、サボりまくったりせず、
ゆっくりマイペースがいちばんです。

なかでも絶対にハマる！と言えるのが
何事にもすっごく慎重な人。
めちゃくちゃ怖がりな人。

怖がって怖がって、その場から動けない……。

石橋を何回も叩いて、壊してしまう……。

私から言わせれば、
それくらい臆病《おくびょう》で
ちょうどいい。

さてでは、
なぜ臆病な人は投資向きなのか。
これから、
タネ明かしをしていきましょう――

はじめに

２０２３年の秋、私はアメリカのアリゾナに来ていました。

全米中のＦＡ（ファイナンシャルアドバイザー）が集まる大会に参加するためです。

ＦＡとは、簡単にいえば「お客さまの人生計画をかなえるために資産運用をサポートするアドバイザー」です。

私は日本のＦＡ協会の理事でもありますので、「良いところを日本に持ち帰ろう」と、金融の最先端国家アメリカのＦＡたちと交流してきました。


そしてまた別件で、ロサンゼルスに移動したときのこと。

アメリカの伝説的なＦＡ、ジョー・デュラン氏と意見交換しながら、雷に打たれたような感覚を覚えたのです。

デュラン氏いわく、住んでいる国は違えど人々が望んでいるのは、「痛みを避けたい」

「幸せになりたい」「自分の責任で選択したい」「愛する人を大切にしたい」という4点に尽きるという話でした。

「痛みを避けたい」、つまり「損したくない」という世界共通の気持ちに寄り添い、クライアントの不安や心配の種を取り除くのが私たちFAの役割だと熱弁するのです。

投資大国のレジェンドだからこそ、「強気なアドバイス」がバンバン来るかと思いきや……まったく予想の逆をいく「優しい話」の数々で、目が覚めた思いでした。


そしてまた、多くの著名な資産運用の専門家の話を聞いているうちに、彼らの共通点に気づいたのです。

その会場に集っていたさまざまな金融のプロは、みな慎重すぎるほど慎重でした。彼らのクライアント、つまりアメリカの一般市民も同じように慎重で、投資で成功している人たちはみな勇敢なのではなく、「損するのは嫌だ」という臆病さを抱えていたのです。


さらに、アメリカの世界的運用会社の役員から驚きの話を聞きました。

それは、その役員のような資産運用のプロであっても、FAから「自分の資産についてアドバイスをしてもらっている」という事実です。

「運用のプロなのに？？？」と思いましたが、どうやら運用商品の相談をするわけではないようです。

たとえ本場アメリカの資産運用のプロでも、じつは保険は何をどう選べばいいか分からないし、税金についても詳しくない。子供の教育資金や自分の老後の資金についても分からないので、将来にわたってのお金のプランニングをしてもらうのだそうです。

大手の運用会社で働いているなら、金融についての知識や経験も豊かなはずです。それなのに、自分の資産は「ＦＡのような人生設計のプロ」の手を借りて慎重に守ろうとしているのです。まさに「お金のかかりつけ医」といった印象で、目からウロコでした。

損をしたくない、面倒なことは嫌だ、知らないことを始めるのは怖い。

これは日本人に限らず、おそらく「投資をすること」が一般的になっている海外でも、みんな抱いている感情でしょう。

私はＦＡになってから、これまで数千人の方に直接・間接的にお金にまつわるアドバイスをしてきました。お陰様で、創業12年目の現在、仲介預かり資産は１４００億円に達し、日本では知られたＦＡとなりました。

私は基本的に相場についてクライアントにアドバイスしませんし、「今ならこれが買いですよ」とすすめることもありません。

しかし以前は、「今はこれが買いです、これを売りましょう」とアドバイスしていた時期もありました。ですが、２０１５年のチャイナショックで株価が大きく下落した際に、お客様に叱られてしまいました。

今の私なら、分かります。

慎重すぎる人に対して、株価に一喜一憂するようなことを促《うなが》したら、余計に不安にさせるだけだったのだと。それ以来、お客様に相場の話を前提にした提案は一切していません。

そして実は、アメリカのＦＡも全く同じだったのです。

アメリカで億万長者がゴロゴロ誕生するワケ

さらに驚いたことがあります。

アメリカには、４０１ｋという「企業が支払う」確定拠出年金制度がある会社が多いので、20代になって社会人になると「ほぼ自動的に」投資生活が始まるそうです（日本のiDeCo《イデコ》は「個人が支払う」確定拠出年金）。

ですから彼らは「投資なんて、やっていて当たり前」の感覚なのですね。

本人は投資の勉強など何もしなくても、お金はどんどん増えていき、何十年後かにリタイアする際には億単位のお金が手に入るのも夢ではないのです。

実際にその仕組みのおかげで、50～60代で「億万長者」がゴロゴロいるのだと聞きました。

彼らがどんな投資をしているのか、それを本書でご紹介していきます。

さて、本書では相場の見方みたいな話は一切しませんし、投資の本にありがちなチャートの動きについても解説しません。

そんなハラハラドキドキとは無縁な、慎重すぎる姿勢のままで、安心して人生100年時代を迎えられる投資の方法をご紹介します。

ヤキモキしてほしくないので、成功例の紹介などもできる限り少なくしました。他人の成功を聞いて焦ってしまっては、本末転倒ですから。

いちばん臆病な投資こそ、じつは手堅い王道ど真ん中の投資だといえます。

なお、本書ではいくつかおすすめの金融商品も紹介しています。これは、長年クライアントの資産運用をサポートしてきた経験から、何十年という長期間にわたって持っていたら利益が増え続ける商品を選びました。

２０２４年1月スタートの新ＮＩＳＡ制度にバッチリ役立つ話を随所でしていますので、投資に興味がわいた方は、明日からでもぜひ始めてみてください。

投資の最初の一歩は難しくありません。

証券会社のサイトで口座を開くだけです。

その一歩を踏み出せれば、皆さんの未来に明るい光が射しこむでしょう。

福田　猛

CONTENTS

PART 2 もう怖がらなくていい この世でいちばん臆病な投資とは

投資信託Q&A

PART 4 臆病な投資の7つのルール

PART 5

「今すぐお金が欲しい人」のための3つの方法

PART 6 「慎重すぎる私」の強力なサポーターを見つけよう

本書の注意点

本書の情報はすべて2023年11月時点のものです。ドルを日本円に換算する場合、1ドル=150円で算出しています。また、本書に掲載されている事項は、情報の提供を目的としたものです。当該情報の正確性および完全性、成功を保証するものではありませんので、最終的な投資判断は必ずご自身の責任においてお願いいたします。もし損害をこうむった場合、著者ならびに小社は一切の責任を負いません。

PART 1

臆病な人は
なぜ投資に
強いのか

臆病投資POINT 1

「自分の弱さ」を知っている人こそ、実は投資では「強い」

私は、よい投資家であるためには、第一に「臆病」でなければならないと確信しています。

臆病な性格、あるいは、慎重すぎる性格であることが望ましい。

映画やドラマでは勇者がヒーローになりますが、投資の世界では臆病者であり続けることこそが最強です。

なぜなら慎重すぎる人は、どれだけ魅力的なオファーがあったとしても、決してリスクの高い、危ない戦場には飛び込まないから。

慎重な人というのは「投資のリスクを本能的に感じ取っている」ととても優れた嗅覚を持つ人と言えます。

むしろ、投資に慣れてきて臆病でなくなった瞬間こそ、危ない。

どれだけ理知的で賢い人であっても、投資に慣れて怖がらなくなったら、リスクの高い投資にチャレンジすることがあります。そして目の前で急激に上がり下がりしているチャートを見ているうちに我を失い、あっという間に全財産をつぎ込んでしまった、というのはよくある話です。

本書を手に取った皆さんは、そういう投資が嫌だからこそ、「臆病な投資って何だろう?」と興味を持ってくれたのではないでしょうか。

「自分の欠点にまったく気づいていない投資のプロよりも、自分の欠点をしっかり認識している素人のほうが、長期的には好成績を上げることが多いのです」

これは私の言葉ではありません。

投資の神様と呼ばれるウォーレン・バフェット氏の言葉です。彼が、自社の株主へ送った手紙の中で明かしていた一節です。

自分のことを「怖がり」「ちょっと小心者」「慎重な性格」だとネガティブに捉えてきた人もいるかもしれません。

けれど、投資の世界ではその「欠点」に気づいていることが、のちに莫大な富を生みます。理由は投資とは、短期ではなく長期で行うものだからです。あの株がトレンドだ、この暗号通貨をみんながやっている、といった甘い誘いに乗らない「慎重な性格」こそが、長期戦では最強の武器になります。

私の知人女性、70代の亜希子さん（仮名）のお話です。

彼女は、専業主婦を長くやってこられました。

ある日、ひょんなことから彼女の資産を知ったのですが……実は「億万長者」だったのです。**専業主婦ながら、資産を1億円以上持っていました**。

ちなみに旦那さんはもうお亡くなりになっていますが、いたって普通の会社員。高級取りや特殊な職業というわけではありませんでした。ですので、旦那さんから大きなお金を相続をしたわけではなく、現役で働いているときから、亜希子さんが主導して夫婦で運用をしてきていたのです。

この亜希子さん、**「お金が出ていく行為」に対して、とても臆病な方なのです**。

たとえば、デパートなどにお出かけしたときのこと。1日中ウインドウショッピングを楽しんで検討した結果、**何ひとつ買わずに帰る**なんて日常茶飯事です。

大人になるにつれて、銀行や保険会社から「将来の安心のためにこんな保険はいかがでしょう?」と声をかけられることってありますよね。そういうときでも、**亜希子さんは一**

切、買ったことがありません。

節約という点では、スーパーの見切り品を買いに行ったり、冬でも暖房の使用を我慢したり、他の家庭と比べるとちょっと財布のヒモが厳しめであったことはたしかです。ただ、眉をひそめるような超ドケチと言うわけではまったくなく、お子さんを私立の高校、大学に通わせるなど、お金を使うときは使う方です。

ではどうして億万長者になれたかというと、日本株や債券などを自分なりに調べて、**ちょっとずつ買い足し、長い間運用していた**からです。

出費に対して臆病な彼女だからこそ、**「元本《がんぽん》割れする投資」なんて絶対に耐えられないわけです**。彼女が本能的にやってきた慎重すぎる投資は、まさに本書の目指すところ。

聞いた感じでは、独学なのでそれほどうまい運用方法とは言えないものでしたが、それでも**長期で続ける投資がとんでもない利益を生む**のだと、実感できました。もし本書でおすすめしている運用法を実践していたら、もっとすごいことになっていたと思います。

さて皆さん、「なぜ慎重な人こそ、投資では最強なのか」、お分かりになってきたのではないでしょうか。

以前、最近の若者は草食系だと揶揄されていましたが、投資の世界では肉食系より草食系が絶対に生き残っていけます。

アフリカのサバンナではライオンやチーターは強くて威張っていそうですが、実際はシマウマのほうが生存率は高いのです。

私たちが目指すのは勢いがいいだけのマッチョなライオンではなく、賢く立ち回れるシマウマです。

臆病な人ほど、20年後、30年後には豊かな生活を手に入れられるのだと思ってください。

臆病投資POINT

2

投資を始めたときに、いちばんお金が増えるのはいつだろう？

さて突然ですが、クイズです。

前項で投資の神様、ウォーレン・バフェット氏なる人物が登場しましたね。

彼は11歳から投資を始めて、現在90歳を超えています。その個人資産はなんと、約18兆円（１２００億ドル）とも言われていますが……。

では、その資産が１２００億ドルになるまでの間、「もっともお金が増えた時期」はいつ頃だと思いますか？

何かのバブルで大勝ちしたときでしょうか？

あるいは……。

これ、正解はなんと「今」なのです。

正確には、80歳以降にもっとも資産が増えています。

一般的なイメージでは、相場を読んでバリバリ投資をする40～50代に大きく増やしているように思いますが、実はそうではありません。

これは「複利」という効果を使っているからです。「複利」という言葉自体は、どこかで聞いたことがある人も多いかもしれませんね。**あのアインシュタインも複利効果を「世**

界の8番目の不思議」と呼びました。たしかに、それくらいのインパクトがあります（複利については55ページ以降で詳しくお話しします）。

これから本書でお伝えしていく投資は、基本的に、この複利効果を用いた運用方法になります。それらの投資は長く運用すればするほど、資産が増えていきます。

もし皆さんがこのようにご自身の貯蓄を増やしていけるとしたら、どうでしょうか。20〜30代の若い方であれば、50〜60代を迎える頃には、冒頭でお話ししたアメリカの一般人のように「1億円」はまったく夢ではありません。

それに、今や100歳まで生きる時代。

60〜70代の方であっても、今すぐ始めれば80〜90歳になったときに、お金がますます増え続けていると思うと、とても安心ではないでしょうか。老後資金の心配も、複利効果が解決してくれるのです。

私のお客様で、2015年頃から投資をスタートした周平さん（仮名）という男性がいます。お付き合いが始まったのは彼が50代のときでしたが、本書の投資によってかなり利益が出ていて、**60歳になった頃に予定より早くリタイアを実現**。今はずっと憧れていたボランティア活動をしながら、充実した毎日を過ごしていらっしゃいます。

また別のお客様で、少し資産に余裕をお持ちの理香さん（仮名）は、普通に考えてぜいたくさえしなければ、今後それほどお金に困ることはなさそうでした。でも本人は、「資産がずっと減っていく状態」が嫌で仕方なかったのです。理香さんは、**「元本が減ること」に対してとても恐怖を抱いていたのです**。

彼女は資産運用をまったくご存じなかったので、本書のＰＡＲＴ５でご紹介している**「元本を減らさないようにしながら、定期収入をもらえる」投資方法**をご案内しました。それ以降、理香さんは非常に安心された表情に変わり、ときどき「定期収入だけ」を使って大好きなアクセサリーのショッピングを楽しんでいらっしゃいます。

このような姿が、本書でご紹介していく長期の資産運用です。

投資にはたくさんの種類がありますから、どんなものがあるのか、次項でおさらいしていきましょう。

臆病投資POINT 3

「お金を運用する」ってどういう事？

そもそも運用とは何でしょうか。

運用とは、利益を見込んで自己資金を投じることです。

株や不動産、外貨や債券などの一般的な投資のほか、絵画や貴金属、お酒なども運用の対象になります。もし皆さんが、古本を安く買って、高い値段で売ったら、それも運用です。

また、株や債券を買って配当や利息を定期的に得るのも運用です。

一般的に、運用の方法には大きく分けて3つのカテゴリーがあります。それは投資、投機、そして資産運用です。

ここで、主な運用を3つのカテゴリーに沿ってご紹介します。すでにご存じの内容も多いかもしれませんので、そう感じた人は本項は飛ばしてもらって構いません。

①投資

投資は、将来的に値上がりしそうな対象等を目利きして中長期的に保有する方法です。

・株式投資

代表的な投資法です。

企業が資金を集めるために株式を発行し、出資者を募ります。その資金を出した人は、1株買っただけでも「株主」となります。

「銘柄」という言葉を皆さんも聞いたことがあると思いますが、これは取引の対象となった企業の株式を意味します。

ただし、証券取引所で売買できるのは、上場した会社が発行する株式だけです。

株式投資は、安く買って高く売ることで利益を得る「キャピタルゲイン」と、配当金などで利益を得る「インカムゲイン」があります。

配当とは、企業が稼いだお金の一部を株主に配分すること。日本の企業だと年に1回か2回、アメリカの企業だと年に4回支払われるのが一般的です。

株価は常に変動しているものですが、どのタイミングで買ってどのタイミングで売るかは自分で判断しないといけません。買った株の株価がみるみる下がっていき、売るタイミングを逃して、再び上昇するまで手をつけられない「塩漬け」になることも少なくありません。

・不動産投資

マンションを1室だけ、あるいはマンションやアパートを1棟買ったりする投資です。倉庫や駐車場などへの投資も含まれます。

不動産投資は、一般的にローンを組んで、その返済額を上回る家賃を毎月もらうことで、定期的な収入を得る投資方法です。もしくは、その物件の価格が上昇したときに売って、利益を得ます。

ただし、**ずっと入居者がいるのなら安定して利益を得られますが、空室になるとその月は赤字になり、ローンは自腹で払わなくてはなりません。**数千万円のローンを組んで物件を購入したのなら、それを何十年もかけて返していかなくてはならないのだという点を肝に銘じるべきでしょう。家賃が下がったり、追加費用が発生したりもします。

しかも、株はすぐに損切りできても、不動産はすぐには売れません。売りたくても売れずに、泣く泣くその物件に自分で住んでいるサラリーマン大家さんもいます。

・外貨預金

その名の通り、海外の通貨で預金することです。

「それだけ？」という感じなのですが、日本は超低金利が長く続き、銀行で預金していても、金利は０・０２５％くらいと微々たるものです。ようやく10年の定期預金の金利を０・２〜０・３％に引き上げる銀行が出てきましたが、それでも１００万円を預けていても、１年間でわずか２０００〜３０００円くらいしか利息はつきません。

そこで、金利の高い海外通貨で預金しようとなるわけです。期間によって異なりますが、**アメリカドルでは定期預金の金利は４％以上、ユーロでも２％以上のものがあり、日本とは比べ物になりません。**

ただし、円と外貨を交換するときの為替レート（取引価格）によって、円ベースで元本が減ることもあります。

・債券

国や地方自治体、企業などが発行した債券を購入し、利息を得る方法です。

債券についてはＰＡＲＴ５で詳しく説明します。

②投機

機会（タイミング）にお金を投じると書きます。

短期的な相場の動きを予想して安いときに買い高くなったら売ることで、うまくいけば短期間で利益を得られます。**しかし、長く続けているとほぼ１００％に近い人が失敗して、大金を失う事態になります。**

・FX

ＦＸとはForeign eXchangeの略で、日本語では「外国為替証拠金取引」と訳されます。外国為替取引とは、日本円と米ドルなど、異なった2つの通貨を交換する取引のことです。それだけを聞けば、簡単にできそうな気がしますが、「証拠金」で取引する点が、ほかの投資とは違います。

ＦＸ会社に預けた現金を「証拠金」と呼びます。その金額を担保に、最大25倍のレバレッジ（てこの原理）をかけた取引ができます。

これが怖いのは、自分では10万円しか持っていなかったとしても、25倍にあたる

250万円分の取引ができるところです。それだけの利益を得られればいいのですが、もし250万円以下になったら、マイナス分を自腹で支払わなくてはなりません。つまり、借金を背負うことになるのです。

FXで数千万円ものお金を失う人もいます。

テレビやネットでCMを打っているので、気軽にできるように感じるかもしれませんが、投資の初心者でなくても手を出さないほうがいい運用です。

・先物取引

昔からハイリスクハイリターンで有名な投機です。

これは、将来のあらかじめ定められた期日に、現在約束した価格で商品を売買できる取引のことです。将来価格が上がりそうな商品を買って、期日に売る。もしくは、将来価格が下がりそうな商品を売り、期日に買い戻します。

売買される商品としては、大豆やとうもろこしなどの農産物や金・銀などの貴金属、ゴムや原油等が有名ですが、株価指数といった形のないものまで取引されています。

これもFX同様、証拠金で取引できますが、一般人は「絶対に手を出すな」としか言え

ない危険な取引です。

・仮想通貨

仮想通貨はインターネット上でやりとりできる、通貨のような機能を持った電子データのことで、暗号資産とも呼ばれます。

有名なのはビットコインで、ほかにイーサリアム、リップルなどがあります。

株のように価格が安いときに購入して、価格が高いときに売却して利益を上げるのが現在の主流ですが、とにかく値動きが激しくて1カ月の間に平気で数十%も変動することがあります。しかも、法則性がないので動きを読めません。

買い物をするときのために仮想通貨を買うのはいいかもしれませんが、投資対象としてはおすすめしません。

③資産運用

10年後、20年後、30年後を見据えて、自分の持っているお金を世界の株式や債券に分散投資することでコツコツと増やしていく投資法です。

・**投資信託**

この「投資信託」が本書のおすすめする代表的な運用法です。

投資のプロが投資家からお金を集めて、株式や債券、不動産などさまざまな投資先を選んで運用します。その運用した利益を投資家に還元します。

投資信託についてはＰＡＲＴ２から、さらに詳しくご説明していきますね。

臆病投資POINT

4

慎重すぎて何が悪い！「怖くない投資」のすすめ

私たちは、たとえ数万円でも失うのは嫌なものです。

それは人間にとって自然な感情です。

ノーベル経済学賞を受賞した行動経済学者のダニエル・カーネマン氏は、この「損をするのは怖い」という心理を「損失回避バイアス」と名付けています。

カーネマン氏によると、損失の悲しみは、利益の喜びの2倍以上になるとのこと。

株式投資をしている人が、株価がどんどん下落しているのに損を確定できなくて、結局塩漬けにして何年も放置しているのは、よくある話です。

また、株価が上がっているときは、「損をしたくない」と、早めに利益を確定してしまい、「もう少し待っておけばよかった」と後悔したりします。

株式投資を始める前は、「下がり始めたらすぐに売ればいい」「天井まで持っておこう」と思っていても、実際に目の前で株価が上がったり下がったりしていると、冷静ではいられません。


人がわずかでも損をすることに恐れを抱くのは、自然な心理なのです。

それでは、その怖さをどう克服すればいいのでしょうか？

実は、怖さを無理に克服する必要はありません。

投資のベテランでも、株価が下がると心はざわつきます。損失額が小さいうちは、まだ冷静でいられますが、大きくなるとパニックを起こすものです。

業界のプロの知り合いや投資歴の長いお客様などもたくさん見てきましたが、この恐怖心に勝てる人はまずいません。ですから皆さんも無理することはありません。「慎重すぎる人」のままで良いのです。

株価が大きく上がったり下がったりすることが怖いのなら、怖くない投資を選べばいいだけです。

毎日値動きをチェックしないといけない投資ではなく、数カ月放置していても「気がつかない間に増えていた」という投資なら、恐れとは無縁でいられます。

さらに言えば、持っている商品の価格が下がったときこそ「おいしい時期」で、将来資産が大きく増えるパワーを蓄えられる投資もあるのです。

世の中がパニックになっているときほど、チャンスを増やせる。

そんな不思議な投資が、私がすすめる「投資信託」による積み立て投資です。

臆病投資POINT 5

投資とお寿司は「おまかせ」がいちばん

私はこれまで1万人以上の人に「投資していることを忘れていられる投資」こそが最強最高だと、セミナーや講演でお伝えしてきました。

「忘れていられる」ということは、投資の中身や投資方法に「安心している」ということです。投資の世界につきものの「不安」や「怖れ」がまったくない状態と言えます。

それこそが、これから長期間、投資生活を送っていくうえで一番大切なのです。

投資信託はファンドマネージャーと呼ばれる投資のプロがみんなのお金を集めて、数十社、数百社、数千社の株価が上がりそうな銘柄を買い集めてひとつの詰め合わせ商品をつくって運用する仕組みです。

ファンドマネージャーは株式や債券、その他さまざまな金融商品に投資をして利益を出すことを目指します。もし投資対象が何らかの原因で値下がりしたら、他の銘柄を選び直したりして利益を出すために工夫をします。

プロが投資先を選んで投資して、利益を出してくれる。メンテナンスもしてくれる。

つまり、プロに丸投げしてほったらかしにしておける方法なのです。

お寿司屋さんと同じで、「おまかせ」がもっとも〝おいしい〟というわけです。

個別の株を買う株式投資は、銘柄選びから売却のタイミングまで、すべて自分で判断してやらなくてはなりません。

毎日、チャートを見て株価の値動きをもとに、売るか買うかを判断する。そのような投資を「面倒だな」と思うのは当然です。実際、面倒ですから。

スリルが好きな方はワクワクするかもしれませんが、毎日のように株価に一喜一憂する生活は、心が落ち着きません。しかも、自分で「次はこの銘柄が上がるかもしれない」とさまざまな知識を仕入れて、予測を立てなくてはならないのです。

証券会社で働いていた私でさえ、個人でそこまでするのは難しいだろうと思います。

投資は「勝ち負け」の世界で、自分が勝ったら、どこかで誰かが負けています。

そして、機関投資家と言われる運用会社などのプロの投資家と同じ土俵で戦わなくてはなりません。それも、日本だけではなく、世界中の投資家が相手です。

それを理解すれば、プロの機関投資家が運用してくれる投資信託のほうが安心できると思うのではないでしょうか。

投資のプロではない方々のために、投資のプロはいるのです。そのプロが全力を注いで運営しているのが投資信託です。

私がおすすめするのは、1年間で1億円稼げるといった方法ではありません。それは裏を返せば、次の1年間で1億円失う可能性もある稼ぎ方です。

そんな危険な方法ではなく、長期間続けられて資産を着実に増やす方法、それが本書でご紹介する世界一臆病な投資術です。

臆病投資POINT

6

臆病者が強者になれる投資信託の7つのメリット

投資信託は派手さはない、地味目な投資法です。

しかし、**地味だからこそ手堅くコツコツ利益を積み重ねていけます。**それは慎重すぎる人のライフスタイルにピッタリではないでしょうか？

ここで、投資信託の代表的なメリットについてご紹介します。普通の投資のイメージとはずいぶん違うのだと感じていただけるのではないでしょうか。

①売らなくていい

基本的に、投資は売ったときに利益を得られます。

といっても、それが一番難しいのです。

「もう少し値上がりしてから売ろう」「もう少し」「まだまだ」とタイミングを見計らっていたら、急に下がり始めて「あっ……」とオロオロしているうちに、売れなくなってしまった。それは「投資あるある」です。

投資信託は、売らなくていい投資です。

今の商品をすぐに売る必要も、他の商品を買う必要もなし。運用会社があなたの代わりに、投資信託の中で売買をやってくれます。資産がたっぷり貯まった段階で投資信託を売れば、大きな利益を得られます。

②相場を読まなくていい

基本的に、多くの投資は「相場」を読んで「もっと上がるか、下がるか」を判断します。

投資信託ではその必要はありません。**投資信託の「積み立て投資」という方法を選べば、いつ買ってもいいので、相場は関係なくなります。**

皆さんは、プロ中のプロであるファンドマネージャーは、「株式の相場」をどれくらい予想できると思いますか？

答えは、「ほとんど予測できない」です。

私はこれまで国内トップクラスの優秀なファンドマネージャーにたくさん会ってきましたが、短期の相場を予想できると言った人は、ただの1人もいませんでした。

投資信託のファンドマネージャーは、3～10年といった中・長期的な視点で企業を分析しています。

短期的な株価の動きではなく、長期的に見て「その企業は生き残っていけるかどうか」を分析しているから、長期間運用できる投資信託をつくれるのだと言えます。

「ウクライナショック」「コロナショック」「リーマンショック」のように暴落するときは「ショック」と名付けられますが、どんなに相場予測がうまい人間でも事前に予想できないから、文字通りの「大ショック」を受けるわけです。

それも4年に一度くらいのペースで、「〇〇ショック」に巻き込まれるのが自然の理で、防ぎようがありません。

相場を読む力を鍛えられるなんて幻想だと思ってください。

元々読めない相場なら、相場を気にしなくていい投資をすれば、心穏やかに過ごせます。

③分散投資をしなくていい

投資をしたことがない方でも、リスクを減らすためには「分散投資」がいいという話を聞いたことはあるのではないでしょうか？

株式投資で1つの銘柄だけではなく複数の銘柄に投資しましょうとか、株だけではなく不動産にも投資しましょうと、よく言われています。これは1つの商品しか投資していない場合、その商品が大きく値下がりしたときに、資産が大きく減ってしまうからです。

投資信託は、1つの商品を買うだけでOKです。

なぜなら、前述したように、複数の銘柄をまとめて1つの商品にしてある詰め合わせパックのようなものだからです。商品によっては、株式だけではなく債券や不動産にも投資して、1つの商品にしてあるものもあります。

だから、1つの商品で分散投資をできてしまうのです。

④毎日株価をチェックしなくていい

慎重すぎる人は、毎日証券会社の口座をチェックして、「あ、下がってる！」なんてショックを受けるのは耐えられないかもしれませんね。それが嫌で投資をしたくない人は多い気がします。

ここまでの項目でもお話ししましたが、投資信託は長期間保有したほうがいいので、日々の価格がどういう動きをしていようが関係ありません。

1カ月に1回、今の価格を確認するくらいで十分です。

⑤リアルタイムで取引しなくていい

株式投資の場合、基本的に取引市場が開いている時間帯に売買しなくてはなりません。

その市場が開いているのは、平日の9：00〜11：30と12：30〜15：00です。

「えっ、それじゃあ取引できないじゃん！」と、ビジネスパーソンなら誰もが思うでしょう。

日中働いている人たちが、いつどのように売買しているのかは私にとっても謎です。昼休みの短時間に取引しているのかもしれません。

一応、指値《さしね》や成行《なりゆき》注文といった取引を予約できるシステムもあるのですが、予約していても買えるとは限りません。それに、その方法を覚えるのは面倒ですよね。

また、最近は夜間に取引できる「PTS市場」というものも注目されていますが、あまり利用している人は多くないので、取引が活発に行われていないというデメリットがあります。

投資信託を積み立て投資するなら、売買しなくていいので、市場での取引とは無関係でいられます。

⑥複利の効果を得られる

前述した複利は、投資信託の積み立て投資で得られる「おいしいシステム」です。

たとえば毎年3%の利息がもらえる場合で考えましょう。元本《がんぽん》を100万円とすると、1年目には「3万円」の利息がもらえます。では、翌年も利息3万円がもらえるかというと、これが違うのです。翌年は利息分3万円を加えた「103万円」が元本になります。ですから、その利息3%分にあたる「3万900円」がもらえます。不思議ですが、最初の年より900円も増えているのです。

つまり、複利は、投資を続ければ続けるほど、元本が増えていってくれるのです。さらに、元本が増えればおのずと利益も増えるおいしいシステムです。

これがどんな効果を生み出すのか、複利の説明でよく用いられる曽呂利新左衛門《そろりしんざえもん》のエピソードをご紹介しましょう。

曽呂利新左衛門は豊臣秀吉の家臣で、ある日、褒美をもらえることになりました。「何がいいか」と尋ねられた新左衛門は、「初日は米1粒、2日目は2粒、3日目は4粒、4日目は8粒というふうに、1カ月間、前日の倍の数の米粒をください」と言います。

秀吉は「なんだ、そんなものでよいのか」と安請け合いしたのですが、途中でとんでもない事態に陥ります。**実はこれ、1日あたり100%の複利なのです。**

新左衛門の望み通りに米粒を与えると、2週間後にようやく8192粒。これは1合を少し超える程度の量です。

ところが、1カ月後にはなんと5億3000万粒余りとなって、およそ200俵もの米を与えなくてはならなくなります。1俵は約60キログラムなので、12トンという、とてつもない量です。

秀吉は途中でこのことに気づき、別の褒美に変えてもらったそうです。

これが複利の効果です。イメージできたでしょうか？

⑦0円にならない

株式投資でよく聞くのが、「紙くずになる」というたとえ。

実際には、今はネットでの取引がメインなので、紙の証券でやりとりするわけではありません。

上場している企業が倒産すると、その株式は取引できなくなるので換金できなくなります。つまり、投資したお金はパア。

日本では大企業は政府が救うから大丈夫と言われていますが、2010年にはＪＡＬが経営破綻して紙くず化しました。やはり、株式投資は紙くずになるリスクと隣り合わせだと考えたほうがいいでしょう。

投資信託は、そもそも分散投資しているから「紙くずリスク」は低いですが、さらに安心な仕組みがあります。それは、運用を行う運用会社、販売を行う金融機関等、信託財産を管理している信託銀行が破綻しても、**投資家が預けたお金は投資額にかかわらず分別管理され、守られるということです。**

これらの会社が破綻しても他の会社に移されて運用が続くか、その商品が終了となってもそのときの時価でお金が戻ってきます。だからゼロになることはほとんどありません。

臆病投資POINT

7

押さえておきたい投資信託のトリセツ

ここまで投資信託のいい面についてお話ししてきましたが、どんな投資でもデメリットもリスクもあります。

それをあらかじめ知っておけば、心構えができるでしょう。

①すぐには大きく利益を得られない

投資信託は長期運用を目的につくられた商品なので、短期的な売買には向きません。なかには短期取引目的のための投資信託もありますが、基本には長期目的です。

それはつまり、すぐには大きく利益を得られないということです。

買って数カ月で売ってもほとんど利益はないでしょうし、2、3年で売っても微々たる利益しかないでしょう。

投資信託はいい商品を選べば20年後、30年後には大きな利益を得られるのですが、それをよく分からないまま投資を始めた方は、2、3年投資したら「全然儲からないじゃないか！」と解約してしまったりします。

「10年も20年も待てない」という方には、投資信託は向いていません。今すぐお金が欲しい方は、PART5の3つの投資をおすすめします。

②似たような商品が多くて選べない

投資信託を買おうと証券会社のサイトを見てみたら、同じような名前の商品がずらりと並んでいて、「違いが分からない」と戸惑う方も多いでしょう。

「だったら、販売金額人気ランキングの上位を選べばいいのかな？」と思うかもしれませんが、ちょっと待ってください。詳しくはＰＡＲＴ４でお話ししますが、それは危険な落とし穴です。

残念ながら、投資信託はすべてがいい商品というわけではなく、むしろ長期間投資できるようないい商品はごくわずかです。

それは証券会社の事情に詳しい金融のプロでないとなかなか見極められないものです。ですので、今人気がある商品や話題の商品に飛びつかないようにしましょう。

私が選んだおすすめの投資信託の商品をＰＡＲＴ３でご紹介しますので、そちらを参考にしてみてください。

③そもそも選び方が分からない

株式投資だったら、「やっぱりトヨタかソフトバンクかな?」のように有名な企業を選ぶ基準にできますが、投資信託は何を基準に選べばいいのか分からないでしょう。

証券会社のサイトを見て、「騰落《とうらく》率? レーティングアップ?? 何それ」と専門用語に拒否反応が出て、すぐにサイトを閉じてしまう方もいるかもしれません。

大丈夫です。証券会社のサイトに出ている情報をすべて理解しなくても、投資信託は選べます。

「ここだけ見ればいい」という選び方のチェックポイントをPART3とPART4で解説します。

④元本は保証されない

これは投資信託に限らず、運用商品は、基本的に元本は保証されません。

投資信託も、いい商品を選んでも、この先何が起きるのかは分からないので、ひょっとしたら売却額が投資額を下回る可能性があることは知っておきましょう。「元本保証じゃないなら買わない」と考えるのではなく、「正しく付き合う」ことが重要です。

臆病投資POINT

8

新NISA《ニーサ》こそ臆病投資の追い風になる

新ＮＩＳＡ（少額投資非課税制度）という言葉は、皆さんも聞いたことはあるでしょう。

株や投資信託で得た利益には、所得税などの税金がかかります。

その税金が非課税、つまり税金を払わなくていいのがＮＩＳＡです。

株や投資信託は売却益、配当などの利益に対して約20％が税金として持っていかれます。

たとえば、１００万円で買った銘柄を２００万円で売却したら利益は１００万円ですが、そのうち約20万円は税金として納めることになります。つまり、利益は１００万ではなくて約80万円です。これを非課税にして、１００万円を受け取れるようにしたのがＮＩＳＡという制度です。投資を考えている人は使わない手はないでしょう。

銀行や証券会社でＮＩＳＡ口座を開いたら利用できます。

ただし、今までのＮＩＳＡは制限が多く、使い勝手がいいとは言えませんでした。

それをより投資しやすく改良した新ＮＩＳＡの制度が２０２４年1月から始まります。

新ＮＩＳＡには次のような特徴があります。67ページの比較表も見ながら、確認してみてください。

・種類

旧ＮＩＳＡは「一般ＮＩＳＡ」と「つみたてＮＩＳＡ」の2種類がありました。「一般ＮＩＳＡ」は株や投資信託を購入するときに使います。「つみたてＮＩＳＡ」は投資信託で積み立て投資をするときに使います。

今まで、この2つのうちのどちらかしか利用できませんでした。

新ＮＩＳＡでは「一般ＮＩＳＡ」は「成長投資枠」へ、「つみたてＮＩＳＡ」は「つみたて投資枠」へと名前が変わり、2つを併用できるようになりました。

つまり、**株式投資をしながら投資信託の積み立て投資をしたり、投資信託でも一括投資と積み立て投資の両方をできるということです。**

・期間

これまでＮＩＳＡは利用できる期限が決まっていました。一般ＮＩＳＡは5年で、つみたてＮＩＳＡは20年です。その期限が来たら非課税期間が終了します。

5年は短すぎますし、投資信託の積み立て投資は20年から先が面白くなってくるのに、そこで課税が始まってしまうと利益が削られていくので、「もうやめようかな」と解約する人もいるでしょう。

そんな不満が相次いだので、**新ＮＩＳＡはどちらも無期限で利用できるようになりました。**何十年間でも投資できるので、思う存分、長期投資のメリットを味わえます。

・年間投資枠

これは1年間に「非課税で」投資できる額のことです。

新ＮＩＳＡは旧ＮＩＳＡの2倍以上になり、「成長投資枠」は年間２４０万円、「つみたて投資枠」は年間１２０万円、あわせて３６０万円まで投資できます。

税金を取られたくないなら、投資額をその金額内に収めればいいということです。

「つみたて投資枠」で投資信託の積み立て投資を行う場合は月に10万円×12カ月できます。

・生涯非課税限度額

これは一生にわたって、非課税の恩恵を受けられる購入額のことです。

新ＮＩＳＡは最大１８００万円まで。そのうち成長投資は１２００万円までと制限されていますが、「つみたて投資枠」なら１８００万円の枠をめいっぱい使えます。

新旧 NISA の比較

	旧 NISA		新 NISA	
	一般 NISA	つみたて NISA	成長投資枠	つみたて投資枠
期間	5 年	20 年	無期限	
併用の可否	併用できない		併用できる	
年間投資枠	120 万円	40 万円	240 万円	120 万円
売却時の枠活用	活用できない		活用できる（復活）	
非課税保有限度額	600 万円	800 万円	1,800 万円（生涯投資枠） うち 1,200 万円	
対象者	18 歳以上の成人		18 歳以上の成人	
買付方法	一括・積立	積立	一括・積立	積立
対象商品	株式 投資信託 ETF	一部の投資信託・ETF	株式 投資信託 ETF	一部の投資信託・ETF

これに期限はなく、1800万円に達した時点で、それ以降はNISAでの買付ができなくなり、通常の投資をしなくてはならなくなります。

「つみたて投資枠」のみで年間120万円を投資したのなら、15年目で上限になります。

今までは上限に達したら、そこでNISAの恩恵は終了となっていたのですが、新NISAは商品を売却すると枠に空きができ、翌年からその金額分の生涯非課税枠が復活します。

たとえば500万円投資した投資信託を700万円で売却したら、非課税で売却できるだけでなく500万円の非課税投資枠も復活します。

制限はありますが、「生涯使える枠」をうまく活用できるようになったと考えるといいでしょう。

このように、新NISAはより便利に使いやすく改良されました。

慎重すぎる人は、新NISAの商品で資産運用を始めてみてはいかがでしょうか。やはり、約20%の税金を引かれないで済むのはかなりのインパクトがあります。

ただし、NISAは、あくまでも資産運用の中のプラスアルファのオプションです。

ＮＩＳＡのために運用するのではなくて、資産運用のためにＮＩＳＡを利用するのだと考えましょう。

なお、本書では投資信託以外にも株式の配当、ＥＴＦ等をＰＡＲＴ５で紹介していますが、それらの投資にも新ＮＩＳＡは使えます。

臆病投資POINT

9

最後に笑うのは誰？投資信託に向く人、向かない人

私は今まで直接、あるいは間接的に数千人の顧客に資産運用のアドバイスをしてきました。

その経験から、投資信託に向く人と向かない人の傾向があると気づきました。

【向いている人】

①臆病な人

ここまでも述べてきたように、臆病な人は投資信託にもっとも向いています。

リスクを恐れて、危ない橋は渡らない。

そのようなタイプは、欲に目がくらみにくいので安定した運用ができます。

②面倒くさがりの人

毎日、銘柄の値動きを見て、「今日は売りか、買いか」と判断するのは面倒くさい。投資のための勉強をするとか、お金のために時間を取りたくない、と思っている人は、投資信託との相性はいいでしょう。

投資信託は積み立てで行う場合でも、投資用のお金を毎月口座からの引き落としにして、

買った後はほうっておけば、あとは何もすることはありません。月に一度、運用の状況を確認すれば十分です。

③コツコツ努力型

地道に努力することを厭わない人も向いています。

たとえば、毎朝ランニングをしている、ジムに週2回通う、英会話の勉強を続けるなど、楽しいだけではない趣味や勉強を何年も続けている方とは、最高の相性です。

投資信託を使った積み立て投資は一度に劇的にお金が増えるわけではありませんし、スリルも少ないものです。それを10年も20年も続けるので、忍耐というほどのものではなくても、持続力や継続力は必要です。

【向いていない人】

①ギャンブル好き

手持ちの資金が10万円しかない場合、皆さんはどうしますか？

ありがちなのは、「1、2万円しか増やせなかったら意味がない」と考えてしまうこと。

そういうタイプは10万円を元手に１００万円にしようという発想になり、テンバガー（短期間に株価が10倍以上に上がる銘柄）の探し方の本などを読んで、投機に走ります。

これはカジノで大金を一晩で稼ごうという発想と変わりはありません。**そういう刹那的に生きている方には、投資信託は退屈でしょう。**

②短期的思考

専門家に「今だったら、どの銘柄を買ったらもうかりますか？」といった相談をする人は、短期的な思考になっています。

そういうタイプの人は、「1年間で１０００万円稼げる」的な謳い文句に弱く、短期間で利益を上げることしか考えられません。本書の臆病な投資を始めても、「全然、もうからないじゃないか！」とすぐにやめてしまう可能性大です。

③流されやすい人

「お金は使えば使うほど入ってくる」と自己啓発本に書いてあるのを読んで、それを信じて片っ端からお金を使ってしまう人は、投資信託は向いていないかもしれません。

もちろん、自分への投資もある程度は必要です。

しかし、高額のセミナーをあちこちで受けたり、人脈をつくるために連日のように異業種交流会に参加して散財していたら、結局何も残らないような気がします。

ただし、今までは短期的な視野しか持てなかった方でも、長期的な視野を持てるようになる可能性は十分にあります。

私の経験則では、年齢が高くなるほど固定観念が強くなり、自分の考え方を変えられません。気づくのが早ければ早いほどメンタルも変えやすいし、成功にも近づくことができるでしょう。

臆病投資POINT
10

どんなニュースにも動じない究極の対処法とは

慎重すぎる人は、最近のニュースを見て、「投資なんてとんでもない」と思っているかもしれません。

ここ数年、「コロナショック」「ウクライナショック」のように、「〇〇ショック」と騒がれることが立て続けに起きています。イスラエル・ハマスの紛争から「第3次オイルショック」が起きるんじゃないかと言われています。

この「〇〇ショック」は株価が大暴落して、経済が混乱したときに使われる言葉です。

実は、世界の株式の値動きを調べると、コロナショックの暴落のようなことが、過去60年間で実に13回も起きています。4、5年に一度、オリンピックやサッカーワールドカップくらいのペースです。意外と世間ではショックが起きやすいということですね。

直近では、2018年末は米中貿易摩擦の影響で、3カ月で日経平均株価は5000円以上も下落しました。また2015年には中国株が暴落するチャイナショックが起きました。

2008年はリーマンショック、2000年前後はITバブル崩壊、1991年は日本のバブル崩壊が起きています。

こういった世界の株式市場が大幅下落するときは、平均的に10カ月かけて、25%下落しています。

それでは、「ショック」が起きた後に世界はどうなったのでしょうか？

ショック級の事態が襲っても、世界の株式市場全体では、平均的に株価は「20カ月」をかけて回復しています。回復するまでに一番長くかかったのは、１９７３年に起きたオイルショックで、このときは株価が底打ちしてから回復するまでに72カ月、つまり6年かかりました。

若い読者はご存じないかもしれませんが、このときはデマによって日本中のお店からトイレットペーパーが消えるほどの大混乱に陥りました。ただそれでも「6年後」には回復しているのだと覚えておいてください。**永遠に続くショックはないということです。**

したがって、もし今後、想像もしない世界的危機が起こって市場が混乱しても、**「どれだけ落ち込んでも、2年くらい（20カ月）で世界の株価は元に戻る」**と信じましょう。

ダチョウは砂漠で砂嵐に遭遇すると、砂に穴を掘って頭を突っ込んでやり過ごすと言われています。20カ月砂に頭を突っ込むような気持ちで耐えていたら、世界の経済は元に戻っていくでしょう。

投資信託も世界経済にあわせて下落するのは珍しい話ではありません。ですが、2年ほどで回復すると知っておけば、チャートが激しく変動するのを見ても動揺しないでいられるはずです。

……という話を聞いても、「いやいや、そんなに頻繁に暴落するものに投資するなんてあり得ない。何もしないほうがいいんじゃない？」と慎重すぎる人は思いそうですね。

それでは、**「暴落したときにたくさん稼げる」と知ったらどうでしょうか？**

砂に頭を突っ込んで耐えている最中に、何もしなくてもお金が増える仕掛けが働いて、ゆくゆくは大きくお金を稼げる。そんな奇跡みたいなことが起きるのが投資信託です。

次のＰＡＲＴ２で、投資信託のユニークな仕組みについてお話しします。

PART 2

もう怖がらなくていいこの世でいちばん臆病な投資とは

臆病投資POINT

11

お金はないけど将来は不安！どうすれば投資用のお金をつくれる？

今まで投資は、お金持ちが余った資金でやったり、一獲千金を目指しているギャンブル好きやお金儲けが好きな人がするというイメージがありました。

しかし、最近は将来の不安を解消するために投資をする人が増えてきました。

物価高や増税、相次ぐ戦争や紛争、疫病、少子高齢化など、国内も国外も不安になるような問題が次々と起こります。

先行きが不透明のうえ、老後の資金は2000万円必要とも言われていましたが、足りるかどうか……。不安な気持ちが大きくなり、「大切なお金を減らしたくない」「危険な勝負はしたくない」と感じるのも無理はないでしょう。

その不安を和らげるために、投資信託はきっと役に立ちます。

投資信託には、一括で買う方法と、積み立てで買う方法の2つがあります。

一括で買うためにはある程度、まとまった資金が必要になりますが、積み立てならいくらでも構いません。極端な話、月100円からでも始められます。

実際に100円からスタートしてもいいですが、それだと利益もわずかなので、できれば1万円以上から始めるのをおすすめします。

投資信託を買う際に積み立ての設定をすれば、あとは毎月、口座から自動で引き落とされます。家賃や水道光熱費と同じように。

「毎月1万円を投資に回すなんて、厳しい」と思う方は、**先に積み立て投資用の金額を決めて、余ったお金を生活に回すという、多少強引な方法が向いています。**

よく、「投資は余裕資金で」と言われます。しかし、お金に余裕のない人は、いつまで経っても余裕資金が生まれないかもしれません。

だから、考え方を変えてみましょう。

収入から支出を引き、余ったお金を投資に回すのではなく、次のようなお金の使い方にするのです。

【収入－貯蓄＝支出】

まずは「貯蓄（投資）」にお金を回す、そして残りを生活費（支出）に回すということですね。

以前、たまたま同じ会社で働いている2人の方が、別々に相談に来られました。

Kさんは営業職で成績が良く、高収入でした。Aさんは事務職でKさんより500万円も年収は低かったのです。

どう考えても、Kさんのほうが資産は多いと思うでしょう。ところが、実際には資産が多かったのはAさんのほうです。

その違いは、貯金の仕方にありました。

これはよくある話で、高収入の人は支出も多くなりがちです。お金は貯める意識がないと貯まらないものなのです。Kさんはズルズルとお金を使っていたので、ほとんど貯まっていませんでした。

Aさんは毎月貯金に回す額を決めており、給料が入ったら、まず貯金用のお金を確保して、残ったお金を生活資金にしていました。

つまり、収入の多さと貯金の額には関連性はないということです。

ちなみに、Kさんはキリギリスさん、Aさんはアリさんのイメージです。

投資に使えるお金はどれくらい？

資産運用のお金をつくるために、まずは家計の見直しが不可欠です。

生活費や保険、ローンなど、いくらくらいお金が出て行って、給料や貯金などでまかなえているのかを確認しておかなければなりません。

年間のお金の流れをざっくりと把握しておきましょう。

資産運用では、給料や年金などの現金収入は「フロー」、資産は「ストック」と呼ばれています。ストックはマイホームを買うときの頭金だったり、子供の教育費、老後資金などの将来のために貯めておくお金です。

たとえば、年収が500万円で年間の支出（家賃や生命保険料、年金、水道光熱費、食費、ローンや教育費などすべての支出をまとめた数字）が400万円だったとします。そうすると、100万円をストックに回せます。

ストックから積み立て投資の資金を捻出しますが、100万円全部を投資資金にするのはためらうかもしれません。

その場合は、50万円を投資資金にしてみます。

「50万円も!?」と驚くかもしれませんが、これは年間の投資額です。12カ月で割ると、月に約4万円。それを10年間継続したら500万円になるので、リターンも期待できます。

投資資金は断捨離でまかなえる

もっとも、これはかなり恵まれたケースです。

年収300万円くらいだと、余裕資金を捻出するのはなかなか難しいでしょう。

そういう場合は本項の最初に述べたように、たとえば月に1万円を積み立て投資に回すと決めてしまいます。

積み立て投資は、設定すれば、携帯電話代や水道光熱費と同じように銀行の給与口座から毎月自動で引き落とされますから、意外とその状態に慣れてしまうものです。そんな仕組みを整えれば、「お金がないから資産運用はできない」という状況にはなりません。

世界はすごいスピードで変化しています。**家計にも影響を与えるので、余計な出費を防ぐために断捨離は不可欠です。そして断捨離すれば、意外にお金は残るので、それを投資資金に回しましょう。**

割と多くの人は、昔つくったけれど放置したままの銀行口座を持っています。2019年1月以降、10年以上放置してある休眠預金が発生すると、国がそのお金を使ってもいいことになりました。こうして、知らない間に持っていかれてしまうのはもったいない話です。

そのような塩漬けになっているお金を見つけたら、積み立て投資に回す方法があります。クレジットカードを何枚も持っている人は、年会費を必要以上に払っている可能性があります。それも年会費無料のカードに切り替えれば、そのお金を積み立てに回せるでしょう。

そうやって断捨離をしてみると、思っていたより塩漬け金が多いことに気づくのではないでしょうか。塩漬け金は自分の隠れ資産でもあります。隠れ資産を有効活用してこそ、お金を活かせるのだと言えます。

臆病投資POINT 12

最高の方程式「世界株式×つみたて投資」

私は長年、証券会社でいろいろな商品を見てきました。

今はクライアントが資産運用するためのアドバイザーをしていますが、多くの商品を見てきて、長く投資を続けられて、将来大きな利益を得るための方法はたった1つしかないと結論付けました。

それは

世界株式型の投資信託×つみたて投資

です。

これは今すぐ億り人にはなれなくても、人生が次のステージになった頃に億り人になっている可能性のある方法です。

ここまでお話ししてきたように、投資信託は基本的に長く保有する商品です。

ほかの投資は「売る」ことを前提にしていますが、投資信託は「売らない」ものだと思ったほうがいいのです。

それも2、3年ではなく、20年、30年持ち続けてこそ、真価を発揮します。

ここ数年で証券会社や銀行が、短期的に売買を繰り返す販売法を反省し、投資家側も長く保有するのがいいという意識が高まってきました。

なぜ長く持っておくのがいいのかというと、答えは単純で、将来的に利益が増えるからです。

ただし、そのためには利益が増えていく商品を選ばなくてはなりません。

その商品こそ、「世界株式型」の投資信託です。

世界株式型とは、その名の通り、日本だけではなく世界各国の株式を集めた商品です。

今、日本は30年間経済が低滞していると言われています。

たとえば、最近タイに行った人から、「ラーメンが1杯で2000円を超えていた」なんて話を聞きます。これは、タイが急激に成長していて、日本はどんどん沈んでいっているという、悲しい現実の表れです。

日本人は、基本的に豊かな生活を送っているので、あまり実感はないかもしれませんが、世界的に見ると、新興国にも追い抜かれるかもしれないくらいのヤバい状況です。

だから、国内だけでなく、世界の企業に分散投資をしたほうがいいのです。

世界株式と世界債券(1990〜2022年)

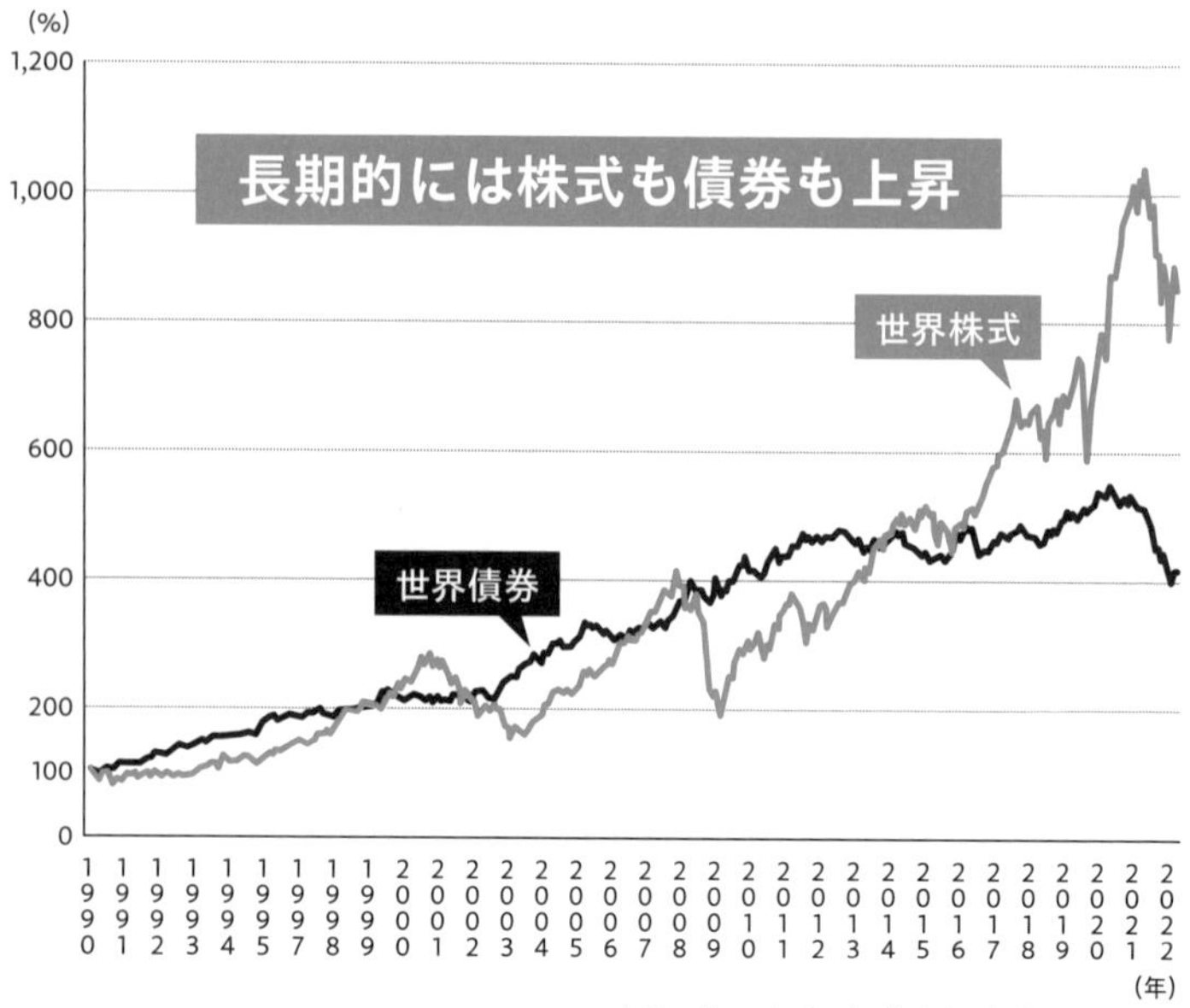

出所：ブルームバーグの算出する指数をもとに作成
1990 年を 100%としたときの変動

世界の株式はこの30年間、ずっと右肩上がりで上昇しているというデータがあります。**世界の株式は20年でも、50年でも、長期で持てば平均的に7％くらいのリターンを投資家に提供してきました。**〇〇ショックで一時的には落ちても、そこで耐えたら落ちる前以上に上がっていくということです。

株価が値上がりするのは、企業の価値が評価されて株を買う人が増えて、時価総額が上がっているからです。直近では、アメリカのアップル社は時価総額で約３兆ドルを突破しました。

実は約30年前、平成元年の世界の時価総額ランキングでは、上位50社中32社を日本の企業が占めていました。なんと世界１位は日本のＮＴＴだったのです（当時の時価総額は約１６３８億ドル）。

ですが２０２３年には、上位50社の中に日本企業はトヨタ１社だけ（42位）。１位のアップル社を筆頭に、トップ10にはアマゾンやグーグル、マイクロソフト、エヌビディアといったアメリカのＩＴ企業がずらりと並んでいます。

TOPIX と S&P500 の 30 年間指数比較

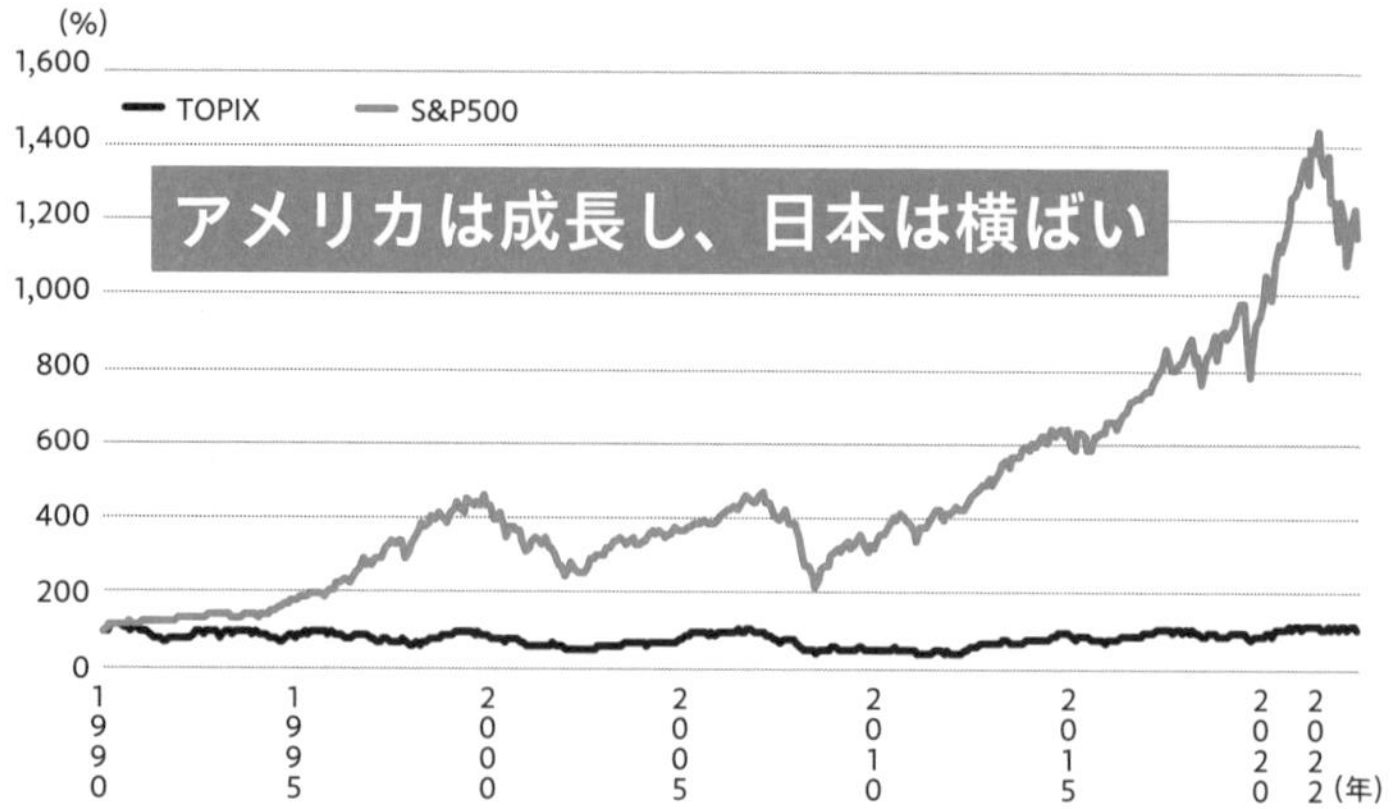

これはつまり、日本がデフレなどの不景気で経済が低迷している間に、世界の企業はビジネスシーンを拡大させて、ぐんぐん成長していったということです。

日本は30年間横ばいが続いている

ここで、アメリカを代表する株価指数の「S&P《エスアンドピー》500」と、日本を代表する株価指数の「TOPIX《トピックス》」の推移を見てみましょう。

どちらもニュースで名前を聞いたことはあると思いますが、**株価指数とは株式市場全体の値動きを表す指標のことです**。

アメリカは右肩上がりですが、日本がいかに横ばいなのか、一目瞭然ですね。大きく落ち込んではいないけれども、ずっと横ばいです。米・イェール大学助教授の成田悠輔氏は、この状況を「横ばい力」と名付けているくらいです。

10年後はどうなるのか分からないので、もしかしたら日本株も右肩上がりになっているかもしれません。逆に、日本以外の国が低迷している可能性もある。

世の中の流れがどうなるのかは誰にも分かりません。

だからこそ、**世界の株式を幅広くフォローする投資信託であれば、どこかの国が落ち込んでも元気な国でカバーできるので、損失を小さく抑えられるのです。**

それでは、世界株式型の投資信託をどう選べばいいのか？

これについては、PART3で紹介しています。

投資信託にはインデックスファンド、アクティブファンドの2種類があるのですが（後述します）、その両方とも良質な商品を中心に選びました。

臆病投資POINT

13

また今日も最高値を更新！
複利パワーを武器にする

PART1でウォーレン・バフェット氏が財産を築いたのは複利のおかげだとお話ししました。

「人類の最大の発見は複利である」というのはアインシュタインが残した言葉です。

この言葉には続きがあり、「知っている人は複利で稼ぎ、知らない人は利息を払う」とも語っています。

複利は「利益が利益を生む」ため、雪だるま式に資産が増えていきます。**アインシュタインほどの天才が人類最大の発見と言った手法を、時間を味方につけながら自分に活かしていく。**これが臆病な投資の醍醐味です。

投資金額に対して1年間で何%の利益が得られるかを表した数字を「利回《りまわ》り（年利《ねんり》）」と言います。利回りも投資信託を選ぶ際の基準の1つになります。

利回りには「単利」と「複利」という2つの計算方法があります。

「単利」は毎年元本の金額に対して利益を受け取ります。「複利」は元本に利益を再投資して、その合計額に対してまた利益が出る仕組みです。

元本１００万円を年利３％で運用すると、単利の場合、毎年３万円の利息がつくので５年間で利益は15万円です。

複利の場合、１年目の利息は３万円ですが、２年目は１０３万円に対して３％ですから３万９００円となり、合計金額は１０６万９００円です。この方法で５年間運用すると利益は約15万９０００円になります。

これを10年続けると、単利の場合の合計金額は１３０万円。複利の場合の合計金額は１３４万３９１６円と、少し多くなります。

20年後には単利の場合は１６０万円、複利は１８０万６１１１円と差が開き、30年後には単利は１９０万円、複利はなんと２４２万７２６２円と大きな差になります。

複利は長く続ければ続けるほど効果が出るというのがイメージできたでしょうか？

年利が１％では複利の効果は小さいのですが、左ページの３％や７％の曲線を見ると**10年目あたりからグンと角度がついていることが分かります。**

30年、40年ならもっと角度がつきます。これが複利のパワーです。

1,000万円を年利 7% 3% 1% で運用した結果

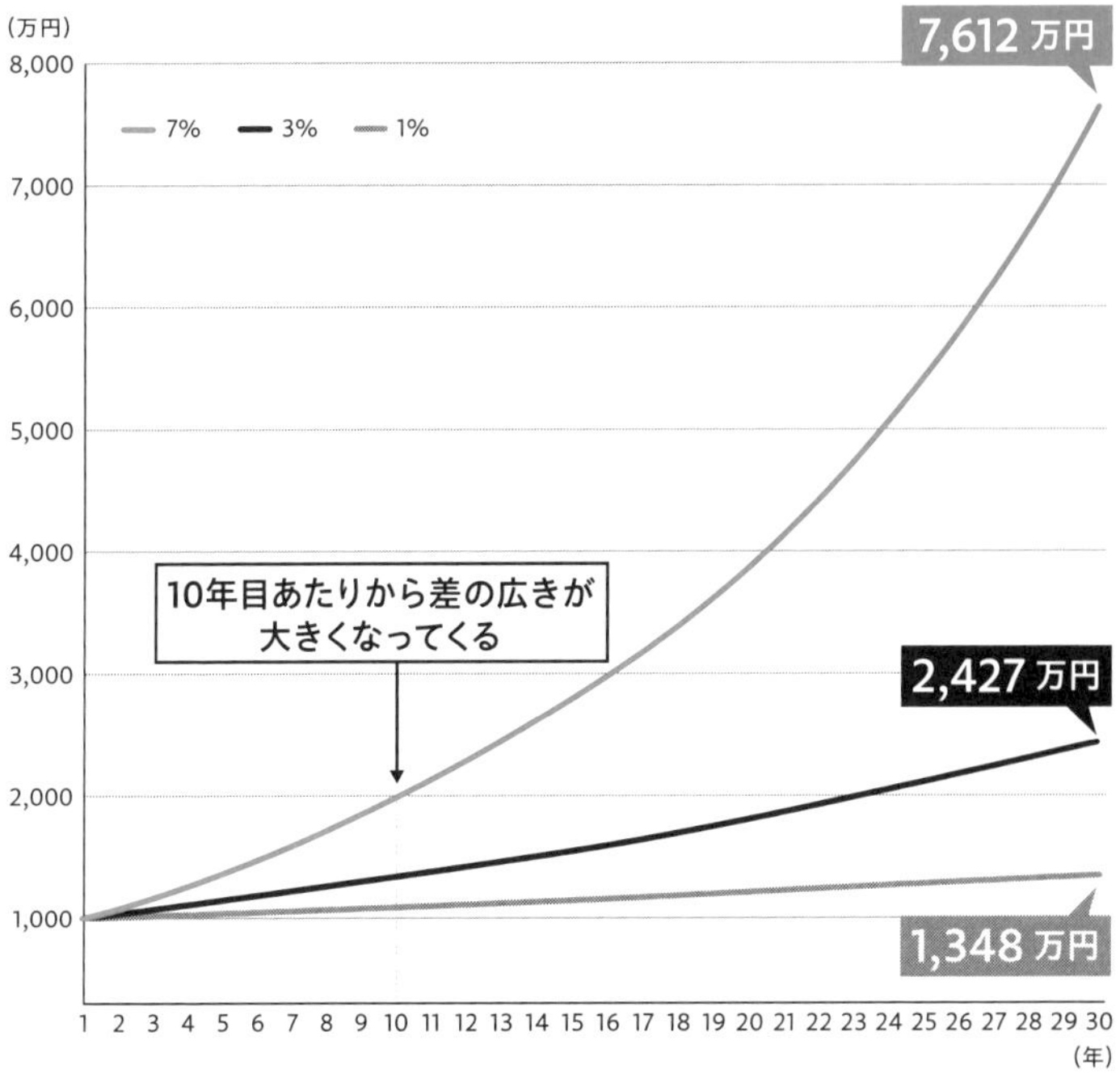

仮に22歳の人が65歳まで、誰でもできる世界株で月に3万円ずつ利回り7％複利で積み立て投資をしたとします。そうすると65歳で投資額1548万円に対して9828万円くらいになります。そこからさらに続けていればとんでもなく増えるでしょう。老後の資金の心配など吹き飛びます。

私たちもバフェット氏を見習って、運用中の資産に手をつけなければ、複利の恩恵を受けられます。

ところが、多くの人は長く運用していると、途中で「もういいかな」と手放してしまいます。

これは触らず、30年、40年樽《たる》で寝かせるウィスキーだと思って封印してください。

若い世代はこれだけやれば、あとは自分の人生を楽しんでいられます。

将来の年金が少なくて不安だと思っている人も、複利のパワーを使えば、その頃には悠々自適な生活を送れるくらいの資産を築けているでしょう。

そして、もう1点。

97ページのグラフを見れば分かるように、30年後に一番利益が大きくなるということは、「早く始めたほうがいい」ということでもあります。

バフェット氏の何がすごいかというと、11歳からずっと資産運用を続けていることです。

事業で大きく稼いだという話ではなく、コツコツと運用を続けて資産を築いてきました。

早く始めれば始めるほど、長く複利の恩恵を受けられるので、何もしなくても利益が大きくなっていくのです。

今日よりも、明日、明日よりも明後日。そうやって最高値を更新し続けるのが、複利です。

臆病投資POINT 14

インデックスファンドとアクティブファンド、どちらを選ぶ？

投資信託の投資に難しいテクニックは何も必要ありませんが、長期間持ち続けられる商品を選ぶ必要はあります。それさえできれば、5年も10年もほったらかしにしておいても資産を増やす道が開けます。

投資信託は、大きく分けてインデックスファンドとアクティブファンドの2種類があります。

◇インデックスファンド

インデックスとは指標や指数という意味です。

インデックスファンドは、一言で言うなら「平均点を取りにいく」ファンドのこと。

日経平均やTOPIX、アメリカのS&P500など市場全体の株価指数に連動するように運用することを目指しています。

たとえば、日経平均株価に連動する商品なら「日経平均インデックス」、S&P500に連動する商品なら「S&P500インデックス」といった名前がついているので、名前を見ればだいたいどんな商品か分かります。

日経平均インデックスなら、東京証券取引所プライム市場に上場する銘柄のうち225銘柄を少しずつ買っています。「S&P500インデックス」なら500の銘柄を少しずつ買っています。

これだけ多くの銘柄を一度に買うのは、個人投資家はさすがに真似できません。

・長所

銘柄の数が多いので、分散投資効果が際立っています。

インデックスファンドは、世界中の何千もの会社の銘柄を組み込んでいる商品もあります。これは、以前は一部の富裕層しかできなかったような取引です。

それが今、ネット証券で、ワンクリックで発注できるようになっているのは、テクノロジーの進化そのものです。

そして、インデックスファンドの最大のメリットは手数料などのコストが安いところ。

投資信託のコストは、主に「販売手数料」と「信託報酬」です。

販売手数料は、投資信託を取得するときにかかる手数料です。

販売手数料は金融機関により異なりますが、だいたい0～3・3%です。

また、信託報酬とは投資信託の管理や運用にかかる経費です。

信託報酬は投資信託を保有している間、残高の年率数％という形で毎日、日割りでかかります。インデックスファンドの信託報酬は、低いものだと年０・１％より引き下げる動きが強まっています。

インデックスファンドは市場の指数に連動させるだけなので、運用会社はある程度、機械的に運用できます。運用の手間がかからないので信託報酬は低めになるのです。

・短所

相場が下がれば、それに連動してインデックスファンドもマイナスになります。

たとえば、日本株のインデックスファンドを選ぶと、価格の変動が大きいので、積み立てなら下がったときに口数を増やせますが、一括投資だと怖くなって途中でやめたくなるかもしれません。

また、手数料が安ければ運用会社はあまり儲からないので、人気がなくて投資家が集まらない商品は、途中で運用をストップするリスクもあります。そうなったら、損をして終わりという事態になる可能性もあります。

◇アクティブファンド

アクティブファンドは、運用のプロであるファンドマネージャーが銘柄を選んで運用することで、インデックスファンド以上のリターンを目指す商品です。

組み入れる銘柄数は商品によってまちまちで、数十銘柄にまで厳選するものもあれば、数百銘柄のものもあります。

・長所

アクティブファンドのメリットは、運用の自由度が高いことです。

たとえば国内市場には「日経225」（東証プライム市場上場企業の中で日本経済新聞社が選んだ225銘柄の平均株価指数）の銘柄以外にも有望な銘柄はたくさんありますし、225銘柄の中にだって業績が悪い企業もあります。

アクティブファンドは、個人投資家があまり知らない有望企業をファンドマネージャーが見つけ出して、銘柄に加えたりもします。その企業が大きく成長したら商品の価格も上がって、市場の指数を超えられるのです。

・短所

ファンドマネージャーが綿密に企業を分析して投資するため、手数料は高くなります。**アクティブ型の信託報酬の平均は1・6%。インデックスファンドの約16倍になることもあります。**

また、インデックスファンドより上昇するかはファンドマネージャーの腕次第です。

残念ながらアクティブファンドを担当するすべてのファンドマネージャーがインデックスに勝てるわけではないのも事実です。

実際には、ベンチマーク（基準）以上のリターンを目指すと言っても、残念な結果に終わる商品は無数にあります。

インデックスファンドとアクティブファンドのどちらにするか、迷うところですね。

「平均点」を狙うならインデックス、少し冒険したいならアクティブファンドという考

え方もあります。

もしくは、最初はインデックスからスタートして、それだけでは物足りなくなってきたら、アクティブファンドに挑戦するのもアリです。

いずれにせよ本書では、慎重すぎる人でも怖くない両方のおすすめ商品を紹介しているので、自分が「面白そう」「楽しそう」と感じる商品を選んでみてください。

臆病投資POINT

15

ファミレスにも高級レストランにも良いところがある

元々、投資信託はアクティブファンドだけでした。

ところが、市場よりも下落したり、投資家が痛手を受けたりしたので、1976年に初めて個人投資家向けのインデックスファンドがアメリカで誕生しました。

日本では1985年からインデックスファンドがスタートしています。

今はインデックスファンドが伸びてアクティブファンドは隅に追いやられている感じですが、実は後者は伝統的な手法なのです。


言うなれば、**インデックスファンドは誰にでも愛されるファミリーレストランで、アクティブファンドは高級レストランのようなものかもしれません**。

ファミレスは安いだけでなく、老若男女に受け入れられるような最大公約数的な味を追求しています。

インデックスファンドも誰が投資しても失敗しにくいようになっていて、特別な技術はいりません。

一方、高級レストランでは、修業を積んだ一流シェフが腕を振るっています。高級レストランの味はシェフ次第です。

郵　便　は　が　き

料金受取人払郵便

新宿北局承認

9158

差出有効期間
2025年8月
31日まで
切手を貼らずに
お出しください。

169-8790

174

東京都新宿区
北新宿2-21-1
新宿フロントタワー29F

サンマーク出版愛読者係行

ご住所	〒　　　　都道府県	
フリガナ		☎
お名前		(　　　)
電子メールアドレス		

ご記入されたご住所、お名前、メールアドレスなどは企画の参考、企画用アンケートの依頼、および商品情報の案内の目的にのみ使用するもので、他の目的では使用いたしません。
尚、下記をご希望の方には無料で郵送いたしますので、□欄に✓印を記入し投函して下さい。
□サンマーク出版発行図書目録

1 お買い求めいただいた本の名。

2 本書をお読みになった感想。

3 お買い求めになった書店名。

市・区・郡　　　　町・村　　　　書店

4 本書をお買い求めになった動機は?

・書店で見て　　・人にすすめられて
・新聞広告を見て(朝日・読売・毎日・日経・その他=　　　)
・雑誌広告を見て(掲載誌=　　　)
・その他(　　　)

ご購読ありがとうございます。今後の出版物の参考とさせていただきますので、上記のアンケートにお答えください。**抽選で毎月10名の方に図書カード(1000円分)をお送りします。** なお、ご記入いただいた個人情報以外のデータは編集資料の他、広告に使用させていただく場合がございます。

5 下記、ご記入お願いします。

ご職業	1 会社員(業種　　)	2 自営業(業種　　)	
	3 公務員(職種　　)	4 学生(中・高・高専・大・専門・院)	
	5 主婦	6 その他(　　)	
性別	男・女	年齢	歳

ホームページ　http://www.sunmark.co.jp　ご協力ありがとうございました。

シェフは料理のことが大好きで、いつもお客さんに喜んでもらいたいと考えている。だから、寝る時間も削って、オリジナルのメニューを考えたり、料理のレベルを上げたりして研鑽を積んでいる。アクティブファンドの優秀なファンドマネージャーも、考え方はほとんど同じです。

ファミレスは大きなハズレもない代わりに、飛び抜けておいしい料理は少ない。一方、高級レストランは客が感動するような料理を提供しますが、すべての店が支払った費用に対して満足できるとは限りません。

どちらを選ぶのかは、皆さん次第です。

ただ、インデックスファンドよりリターンが上回っているアクティブファンドはわずかしかないという調査結果もあります。

たとえば国内外の株価指数に連動する全世界株インデックスファンドだったら、上位銘柄にはGAFAM《ガーファム》（グーグル、アマゾン、メタ（旧フェイスブック）、アップル、マイクロソフト）といったアメリカの巨大ハイテク企業がずらっと並んでいます。

こういった企業の株価はコロナ禍でも絶好調だったので無敵に見えます。だから、わざわざ高いコストを払ってアクティブファンドを買う必要がなかったのです。

しかし、この状況がずっと続くという保証はありませんし、どんな大企業でも栄枯盛衰はあるものです。

私としては、インデックスファンドとアクティブファンドのそれぞれに良さがあるので、どちらが絶対にいいとは言えません。

両方のいいところを活かして、1つずつ商品を選んで投資するのもアリだと思います。

私が今まで見てきた限り、アクティブファンドにもいい商品はあります。応援したくなるような優秀なファンドマネージャーもいるので、切り捨ててしまうのは、それはそれでもったいない話です。

臆病投資POINT
16

臆病な投資は「もうける」ではなくひそかに「増やす」

どんな投資でも絶好調が続くことはあり得ません。

上がったり落ちたりを繰り返すのが投資の常。

不思議なことに投資信託は、落ちたときに「おいしい思い」をできる投資です。

といっても、投資信託の商品の価格が上がるわけではありません。

株式で運用する投資信託であれば、株式市場とある程度連動しているので、株式市場が下落すると商品の価格は下がります。**しかし、この冬の時代こそ、投資信託が底力を発揮するタイミングです。**

何もしなければただ塩漬けになってしまう可能性がある冬の時代に、投資信託は冬眠をしながら春に向けてしっかりと力を蓄えていけます。

それをできるのが「積み立て投資」です。

投資信託は「一括投資」と「積み立て投資」の主にふたつの投資方法があります。

「一括投資」はその名の通り、一度にポンと投資する方法です。1万円でも100万円でも一度で投資することです。株式投資と同じですね。

「積み立て投資」は毎月同じ金額をコツコツ投資する方法です。たとえば月に3万円積み立てすると決めたら、毎月払い続けます。

「まとまった資金があるときは一括で買ったほうが、大きなリターンを得られる」とすすめる専門家もいます。

しかし、一括投資は底値のときに買って、天井のときに売るのがもっとも利益が出る方法です。個別の株投資と同じで、読めない相場を読むしかありません。

一方、積み立て投資の場合、相場を完全に無視できます。価格が上がってもいいし、下がってもいいという、相反することを両立させる方法です。

投資信託は次の式で自分の資産を割り出します。

【価格×量（口数《くちすう》）】

とてもシンプルですね。

積み立て投資は、毎月「量」を買い増ししていく方法です。

量に着目すると、「価格」は上がるより、下がったほうが多く買えます。

たとえば、あるところにリンゴが大好きな家族がいたとします。この家族は全員でたくさん食べるために毎月1万円分、リンゴを買っています。

1月は、リンゴの価格が100円でした。そのため、「100個」のリンゴを買いました。

2月は、リンゴの価格が20円値下がりして80円でした。1万円で買えるだけの「125個」のリンゴを買いました。

3月は、リンゴの価格が元に戻り100円になりました。この月は1万円で「100個」を買えました。

さて、この3カ月で家族はリンゴを何個買ったでしょうか。

答えは「325個」です。

投資信託が冬の時代にたくさん買える理由

もしリンゴの値段が100円に固定されていたら、3カ月で「300個」しか買えなかったはず。それが、値下がりしたら25個も多く獲得できたのです。途中で価格が下がることで多く買えるのだと分かります。

投資信託もそれと同じです。

1口1万円の商品を毎月3万円で積み立てたとします。その商品が5000円に値下がりしたら、普段は3口しか買えなかったのが、6口に増えます。

つまり、**値下がりしたら「量」を増やせるということです。**

普通は値下がりはマイナスでしかありませんが、いい商品を普段より安くたくさん買えたら得ですよね。

それを1万5000円に値上がりしたときまで持っていたら、「価格×量」でかなりのリターンを得られます。

一方で、値上がりしたときは買える口数は少なくなります。けれど、それは高値になりすぎた商品を買うのを抑えられる効果があります。

このように、毎月同じ購入額を投資し、「安いときにはたくさん買い、高いときに少なく買う」方法を、「ドル・コスト平均法（dollar cost averaging）」と呼びます。

ただ、この名前を覚えておく必要はありません。

「途中で下がったときほど得」だということだけ、覚えておいてください。

積み立て投資は毎月自動的に口数を調整してくれるので、値下がりしたときに「損切りしなきゃ」、値上がりしたときに「売らなきゃ」と考えなくて済みます。

そして、**一度増やした口数は減ることはありません**。たとえ商品の価格が下がったとしても、100口買っていたのが90口に減ったりしないので、買えば買うほど量は増えていきます。

投資の成果は「価格×量」ですから、最後は価格が上昇したほうがいいという点は変わりません。

しかし、途中は下がっても良い。というより、下がったほうがありがたいのです。

この「下がってもいい」という考えこそが、積み立て投資信託を最強の資産運用法たらしめる〝魔法〟です。

左の図をご覧ください。毎月1万円の積立投資を10年間継続したとします。

投資金額は毎月1万円、10年間で120万円です。

スタート時の商品価格は1万円でしたが、7年後に2000円まで下がり、その後少し回復し10年目に5000円まで戻ったとします。

その段階で売ることになったとき、商品の価格は買ったときより半分に下がっているの

積み立て投資は価格が下がってもOK

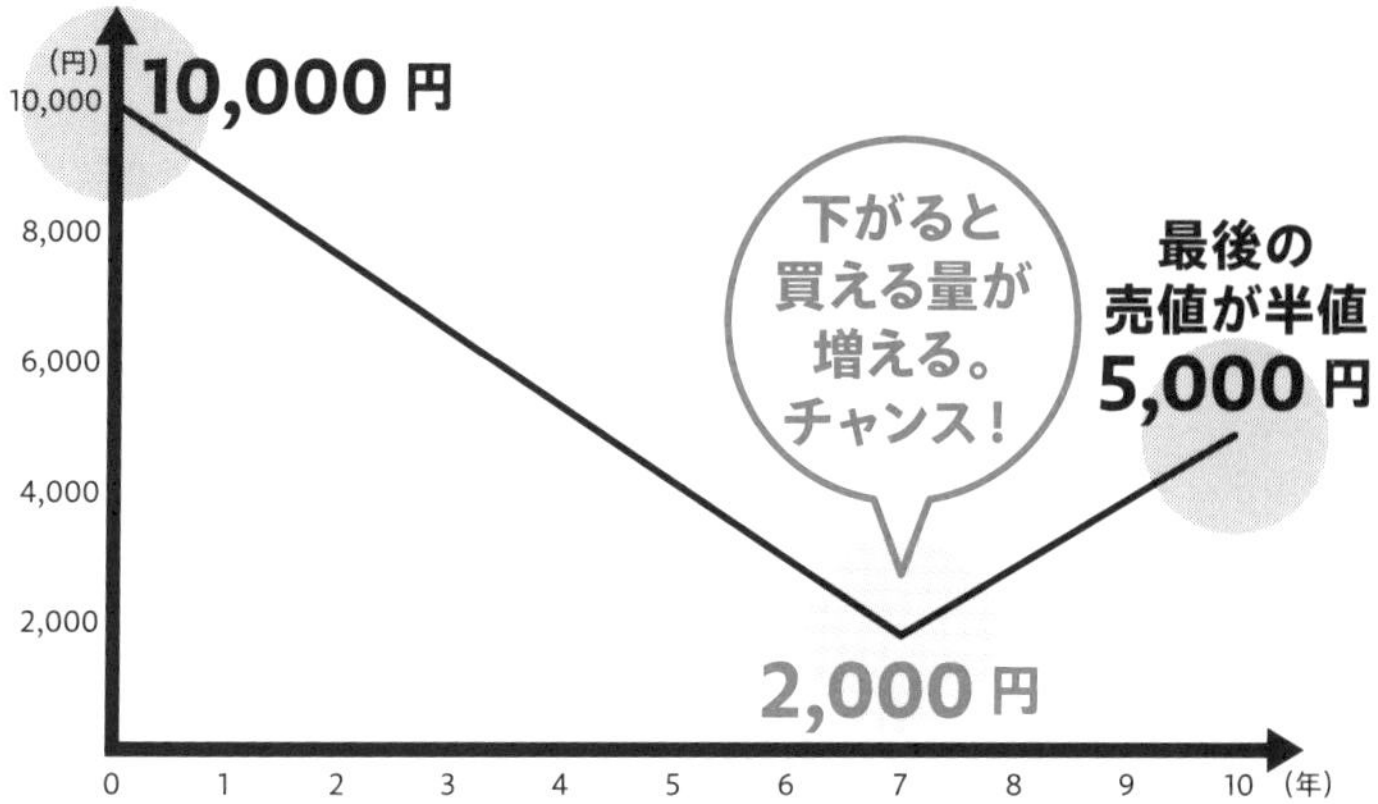

で、利益はマイナスになっていると思うかもしれません。

ところが、実際には139万円に増えていました。10年間で19万円の利益です。

これは、価格は当初の半値でも途中で下がったときにたくさんの量を買えたから、増えたのです。


それでは、左の図をご覧ください。同じ投資で1万円からスタートして5年後に2000円になり、10年後に元の1万円に戻ったとします。投資金額は10年間で120万円という点は変わりありません。

この場合、なんと120万円は241万円と、倍に増えました。

もし、この商品に120万円で「一括」投資していたら、株価が戻った段階でプラスマイナスゼロになるので、利益は出ません。

やはり、積み立てだからこその恩恵です。


ここまでお話ししてきたように、世界株式型の投資信託+積み立て投資を選べば、何もしなくても資産を増やすことが期待できます。

積み立て投資の不思議な力

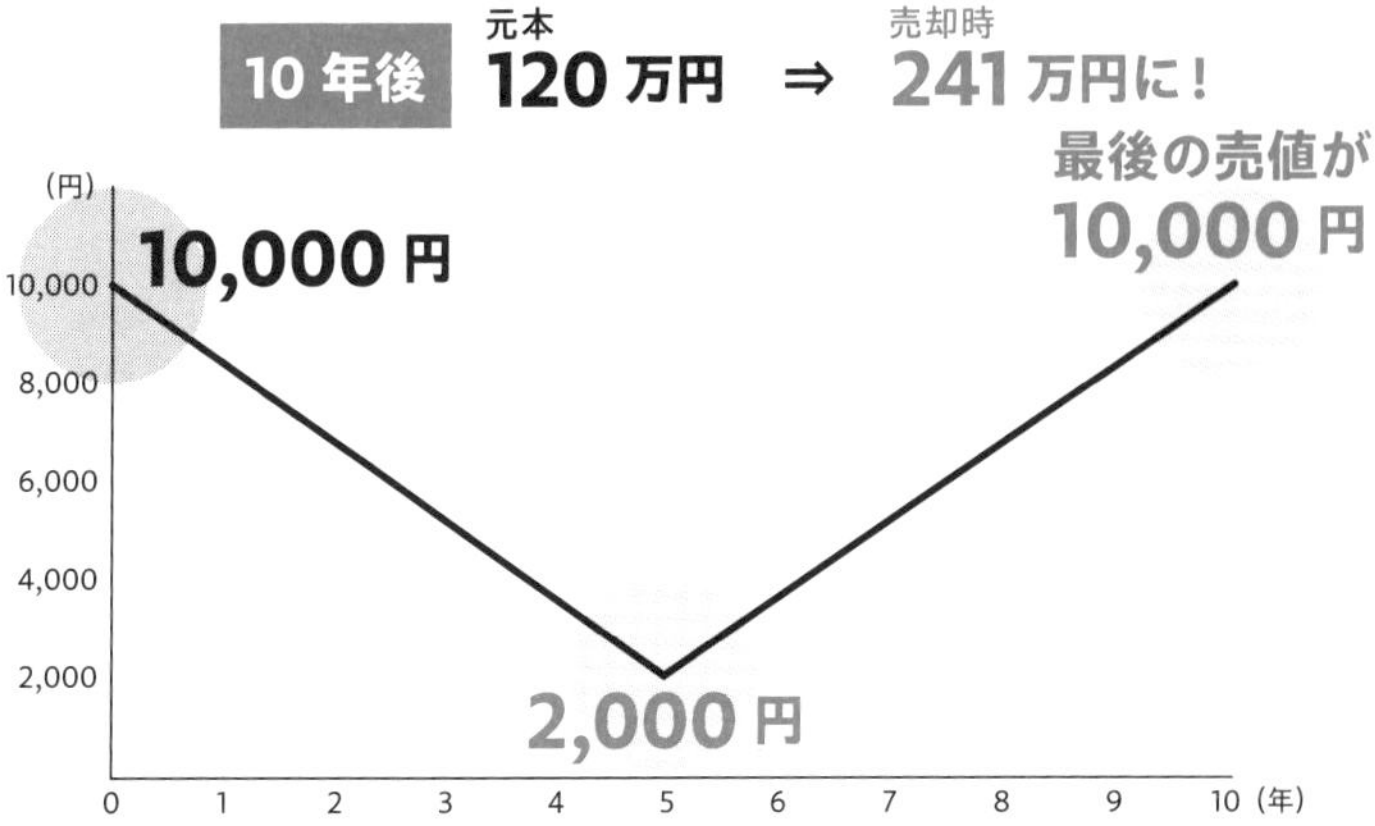

本来、資産運用はそうあるべきです。

「手っ取り早く1億円稼いで、セミリタイアしよう」とリスクの高い投資（というより投機）に手を出して一獲千金を狙うより、今の生活をキープしたまま、将来に備えるのが本来の資産運用です。

ウサギが次々にゴールしていても、自分のペースで資産をコツコツ貯められるカメが、最終的には人生の勝者になれるのですから。

投資信託

Q&A

初めて投資信託の商品を買うとき、
迷うポイントがあると思います。
参考までに、代表的な疑問点につい
てお話しします。

Q 何から始めればいい？

A ネット証券に口座をつくるだけです。

現在では、銀行や証券会社の窓口に行かなくても、インターネットだけで投資信託商品を買うことができます。**ネット証券なら購入時の手数料がゼロまたは格安**ですから、利用しない手はありません。まず、証券口座をつくりましょう。代表的なネット証券には、楽天証券、SBI証券、マネックス証券、松井証券などがあります。

提携金融機関での自動引き落とし設定も、ネット証券のページから行えます。

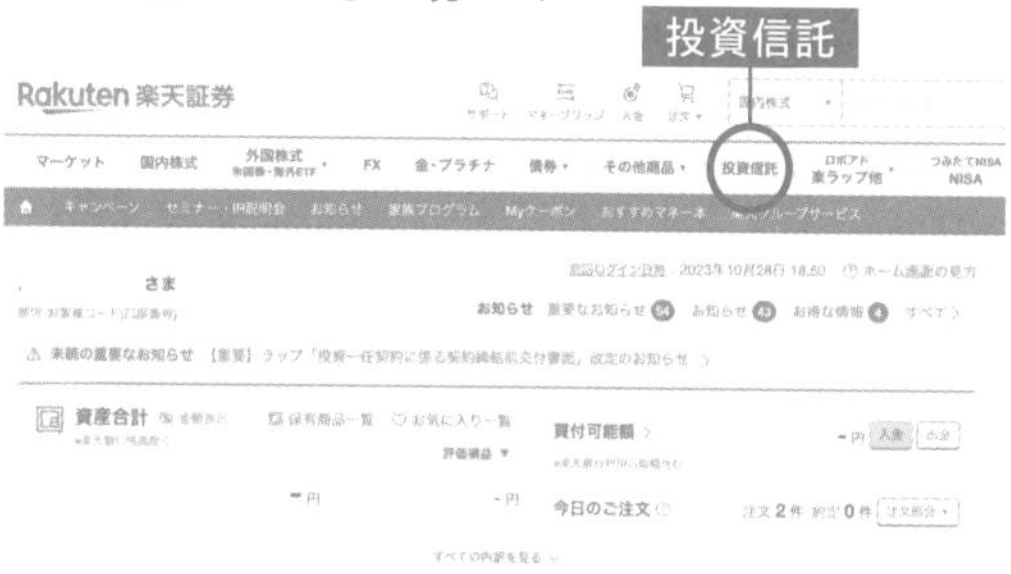

楽天証券のウェブサイト

Q いくらから始められる？

A 積み立て投資なら100円からでもできます。

投資信託は、積み立て投資なら100円から始められるので（金融機関によって額は異なります）、元手が少ない人でも気軽に始められます。投資信託を買うために資金を貯める必要もありません。

たとえば月2万円でも、年間で24万円、10年間で240万円、30年間だったら720万円の投資額になります。そこに積み立てによる「複利効果」が乗っかると、とても大きく育つのです。長く続けるほどにリターンは大きくなるので、「月2万円」は長期の運用ですごい力になるのです。さらに新NISAで利益は非課税です。

そういう意味では、少し収入に不安がある方であっても、積み立て投資にチャレンジできると思います。

Q「口数《くちすう》」という数え方がよくわからない……

A「ただの取引単位」と割り切ればOK

株式の売買では単位は「ひと株」ですが、それが投資信託では「ひと口」になるとざっくり覚えておけば問題ありません。株式の場合は「100株」「1000株」などと単位を指定して買うことが多いのですが、投資信託の場合は「1000円」「1万円」などと金額を指定することがほとんどです。

ちなみに、ある投資信託の新商品がスタートするときに、「1万口1万円」という価格設定で販売されることが多いです。最初は「ひと口＝1円」というわけです。

Q A

「基準価額《きじゅんかがく》」というのは何のこと？

個別株でいうところの「株価」です。

投資信託では「価格」のことを「価額《かがく》」と表します。

私たちがチェックするのは「基準価額」と呼ばれる数字で、これは「商品の値段」になります（本書では分かりやすく価格と表します）。個別株の株価と同じようなものと捉えてください。

細かく言うと、売買手数料などの経費を差し引いた「純資産総額」を、販売された「総口数」で割ると、「基準価額」が算出されます。

ですが、それは運用会社の仕事。皆さんは投資信託の基準価格だ、とさえ覚えていれば大丈夫です。

QA

どういう手順で買えばいい？

5〜6つほどお決まりの選択をすればOKです。

ネット証券のトップページには「国内株式」「外国株式」「FX」などと並んで「投資信託」または「**投信**」のページがあります。そこには数百、数千の商品があります。本書を参考にしてみましょう。ただし人気ランキングにはご注意ください（177ページ参照）。

①買い方の選択

一括か積み立てか、どう買うかを選びます。サイトごとに呼び方も色々です。

▼SBI証券　……　金額買付／口数買付／積立買付

▼楽天証券　……　スポット購入／積立注文

スポットとは一括のこと。積み立ての場合は「**積立買付**（**注文**）」を選びます。つみたてNISAを利用する人はそちらを。そのあとは、左の②〜⑥を順不同で設定していきます。

②引落方法の選択

銀行口座、証券口座、クレジットカードなど、決済する口座を設定します。

③口座区分の選択

「特定」「一般」「NISA」の区分があります。「NISA」以外では、証券会社が代わりに損益をまとめる「特定」がおすすめです。自分で確定申告する人は「一般」も選択できますがNISA以外なら基本は特定です。

④積立指定日の入力

「毎月1日」「毎月25日」など、買い付ける日を決めます。

⑤積立金額の入力

「100円」でも「1万円」でも、無理のない金額を設定しましょう。後からでも変更できるので、不安な人は少額からスタートしても良いでしょう。

⑥分配金コースの選択

「再投資型」「受取型」などの選択肢からぜひ「再投資型」を選びましょう。分配金が出たら、それも一緒にして投資信託を追加購入（再投資）するので、複利効果が得られます。

Q いくつの商品を買えばいい？

A ケースバイケースです。

個別の株と異なり、投資信託は1つの商品で分散できるのがメリットでもあります。

1つの商品にするか、複数を買ったほうがいいかは商品のタイプによります。

たとえば世界株の商品なら、投資対象は全世界の株式なので、それだけでも分散効果があります。一方、インド株式の商品だったら、投資対象はインドの株式だけです。この場合は日本株だけの商品を買うのと同じで、十分な分散ができていません。

したがって、投資対象が幅広かったら1つの商品でもいいでしょうし、投資対象を限定している商品なら、いくつかの商品を組み合わせて買ったほうがいいでしょう。

Q どれくらいのリターンを目指せばいい？

A 年平均5～10%の利回りを目安に。

リターンのことを「利回《りまわ》り」などとも言います。

世界株式での長期の資産運用をするなら、これまで長期的には平均で年6～7%のリターンをもたらしています。まずは5～10%を目安にしましょう。

ところが、ネット証券のサイトを見てみると、人気ランキングの上位の商品は年率リターンが数十%を軽く超えているものや、中には100%台のものもあります。

そこまで高利回りの商品は超ハイリスク超ハイリターンを狙っているので、投機向けのようなものです。

過去に日経平均が16%上昇したときに、利回りが86%も上昇した商品もありましたが、大きく上がる商品は大きく下がります。くれぐれも注意してください。

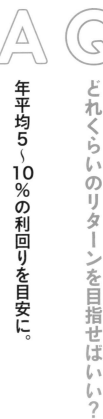

QA

積み立ての途中で中断できるの？

もちろん、中断できます。

もし、積み立て投資をしている最中に、どうしても続けられなくなった場合は、解約をしなくても中断できます。中断すると新規の買付を停止するだけで、口座に残った資産は、解約しない限りは運用が続きます。

再開できる経済状態になってからでも再スタートできるので、できれば売ることなく、自分のペースで長く続けていただきたいと思います。

一生頭がよくなり続けるすごい脳の使い方

加藤俊徳 著

学び直したい大人必読！大人には大人にあった勉強法がある。脳科学に基づく大人の脳の使い方を紹介。一生頭がよくなり続けるすごい脳が手に入ります！

定価＝1540円（10%税込） 978-4-7631-3984-9

やさしさを忘れぬうちに

川口俊和 著

過去に戻れる不思議な喫茶店フニクリフニクラで起こった心温まる四つの奇跡。
ハリウッド映像化！世界320万部ベストセラーの『コーヒーが冷めないうちに』シリーズ第5巻。

定価＝1540円（10%税込） 978-4-7631-4039-5

ほどよく忘れて生きていく

藤井英子 著

91歳の現役心療内科医の「言葉のやさしさに癒された」と大評判！
いやなこと、執着、こだわり、誰かへの期待、後悔、過去の栄光…。「忘れる」ことは、「若返る」こと。
心と体をスッと軽くする人生１００年時代のさっぱり生き方作法。

定価＝1540円（10%税込） 978-4-7631-4035-7

電子版はサンマーク出版直営

Q 「一括投資」か「積立投資」かは、決まっているの？

A どちらで投資するかを選ぶのは自分自身です。

投資信託はすべての商品で一括（スポット購入とも言います）か、積み立てにするかを選べるようになっています。

慎重すぎる人なら、やはり積み立てがおすすめです。少額からスタートできるのと、様子を見ながら慣れていけるため、リスクを小さく抑えられます。

Q 運用会社がつぶれたら、紙くずになることもある？

A いいえ、資産は別の場所できちんと管理されています。

もし運用会社が破綻したとしても、投資家から集めたお金は運用会社ではなく信託銀行が管理しているので、信託財産は守られます。

信託銀行では自身の財産とは分けて信託財産を管理するよう法律で義務づけられているので、信託銀行が破綻しても影響を受けないようになっています。

PART 3

プロがすすめる買っておくべき7の銘柄

あなたの将来を変えてくれる7つの投資信託

この章では私たちが厳選した、資産運用に最適な7本の商品をご紹介していきます。

すべて新NISAの対象になっているものを選びましたので、税制的にも非常に優遇されています。すぐに知りたい人は146ページの商品内容から読んでもらっても構いません。65ページでお話ししたように新NISAには「成長投資枠」と「つみたて投資枠」の2つがあります。どちらか一方だけが対象というわけではなく、投資商品によっては「成長投資枠」と「つみたて投資枠」どちらの対象にもなるものもあります。そのような商品は左図のように、2つともブルーにして示しました。

NISA成長投資枠

NISAつみたて投資枠

そして、どちらか一方だけの対象になる場合は、左図のように対象となる投資枠だけをブルーにして示しています。参考にしてみてください。

また、もしかしたら皆さんの中には「どんな基準で選んでいるのか知りたい」「知らないと怖くて決められない」と感じる慎重な方もいらっしゃるかもしれません。

ですので、まず本項では、基礎知識として投資信託の商品を選ぶ際の7つのチェックポイントをご紹介します。こんな厳しい基準をクリアして選ばれた商品なら「安心して買える」と思っていただけたら幸いです。

また、これから出てくる7つのポイントは、証券会社や運用会社のウェブサイトで誰でも見ることができます。各商品のウェブページの中にある「目論見書《もくろみしょ》（投資判断に必要な情報を説明した書類）」や「月次レポート」、「運用報告書」などに載っています。参考にしてみてください。

①純資産

さて、私たちアドバイザーが見ているチェックポイントの1つ目は「純資産」です。投資信託の純資産が多ければ、「みんなが買っているなら儲かるのだろう」と買いたくなります。

しかし、投資信託の世界では純資産が多ければ良いというわけではありません。

投資対象が「世界株」や「大型株」なら残高が大きいと安心感もありますが、「**中小型株式**」で運用する投資信託だと、**純資産は必ずしも大きくないほうがいいのです。**

国内の中小型株式で運用する投資信託は、TOPIXや日経平均株価よりもパフォーマンスが良いものがけっこうあります。

大企業ばかりを集めた投資信託ではなく、ファンドマネージャーが投資先を吟味し、優れた企業へ投資することで長期的に大きなリターンにつながっているものも少なくありません。

ただこれらの中小型株式は規模が小さいこともあり、日々の売買されている金額も少額です。一企業への投資を大きくはできません。

国内の中小型株式で運用する投資信託なら、純資産は500億円以下くらいが理想だと思います。

もちろん純資産が少なすぎるのも良くありません。運用会社は残高に対して一定の手数料を受け取っていますから、残高が少ないと、儲けも少ないということです。

そして、残高が少ないままだと償還してしまうリスクもあります。

100億円以上はあったほうがいいでしょう。

また、株価指数に連動するインデックスファンドは、コストが安く人気がありますが、コストが安いイコール「運用会社はあまり儲からない商品」です。

そのため、純資産が大きくないと償還されるリスクが生まれるわけです。

そのように「何を投資対象としているのか」もあわせて、純資産をチェックすると良いでしょう。

②運用期間（信託期間）＋償還日

目論見書では「信託期間」と表記されます。

「10年くらいは運用している商品」を選んだほうが賢明です。

10年の市場環境の中で、どのような運用をしてきたのかを確認できます。さらには、その投資信託の得意・不得意もある程度確認できるものです。

また、長期間保有するなら、**「償還日は無期限になっている商品」**だと安心できます。期限が決めてあると、途中で運用をやめないといけません。

③手数料

先述の通り、投資信託のコストは、主に購入手数料と信託報酬です。

現在は、ネット証券だったら購入手数料はゼロのものがほとんどです。

したがって、**購入時に手数料を払うのはナンセンス**です。店舗での対面型ではいまだに3％（税別）が多いのですが、わざわざ購入手数料を払って店舗で買うのはおすすめできません。

ちなみに、購入手数料がかからない投資信託をノーロード・ファンドと呼びます。購入手数料のことをロード（load）と呼ぶことから、その名前がついています。

信託報酬は、インデックスファンドで**安いものは年率0・1％くらい**、アクティブファンドは**年率1～2％くらい**です。年率2％だったら、かなり高いと思います。

信託報酬は日割りで計算されます。

たとえば、信託報酬が年率２％の投資信託を50万円購入した場合、年に約１万円となります。仮に年間で10万円のリターンがあったとしても、１万円は手数料で引かれるということです。

信託報酬は、安ければいい、高ければ悪いというものではありません。しかし、信託報酬はリターンを押し下げますから、信託報酬を払う価値がある投資信託なのか、きちんと考える必要があります。

④ベンチマーク（基準）

アクティブファンドはたいていどの商品も、他の商品と成績を比べるためのベンチマークが設定されています。

その場合は投資対象の価格指数（インデックス）と比べて、どれくらいパフォーマンスが良いのかを確認するといいでしょう。

また、指数（インデックス）そのものに投資するインデックスファンドは、どれだけインデックス通りに推移できているかが重要です。

いずれのケースも運用会社の公式サイト等の月次レポートを見れば載っています。

⑤商品の目的・特徴・実績

どういうコンセプトでどのような銘柄や資産クラスに投資するのかという説明は、知っておかなければならない情報です。

上位に組み入れている銘柄は目論見書や月次レポートに出ているので、ざっくりとでも把握しておくと商品の特徴が分かります。

そして、なんといっても大切なのは実績です。

実績は、リターンだけではなく、リスク（価格変動）も見る必要があります。

大きなリターンがあるものは、同時に大きな価格変動を伴う可能性があるからです。なるべく価格変動は低いほうが安心できる一方、リターンはなるべく大きいほうが良いですよね。

これを調べるには、「シャープ・レシオ」と呼ばれるデータを見ます。

シャープ・レシオは、簡単に言えばリターンをリスクで割って計算される数値です。

この数字が高いほど、効率的に収益を上げていることになります。

シャープ・レシオは投資信託を評価するサイトやネット証券のウェブページなどでも検索できます。興味がある人は一度見てみましょう。

⑥ファンドマネージャー

アクティブファンドは、**誰が運用するかによって運用成績が大きく変わります**。手数料が安いかどうかなど、簡単に吹き飛んでしまうくらいの違いが出ます。

たとえ10年以上の実績がある商品でも、ファンドマネージャーが途中で交代したらそれまでのトラックレコード（過去の実績）は役に立たなくなります。すごく成績の良い商品が、ファンドマネージャーがどこかに移ったらパフォーマンスが悪化したという例もあります。これは分析しづらく、一般の人はそれだけの差が出ていることにはなかなか気づけません。けれどやはり、どんなファンドマネージャーが運用しているのかは知っておくべきだと思います（ただ、日本では公開していない商品が多いのは残念です）。

私たちは運用会社に直接確認しますが、読者の皆さんのように個人投資家の方々では少しハードルが高いかもしれません。ただ近年は、ファンドマネージャーが書籍を出したり、新聞や雑誌のインタビューに答える機会が増えたりしていますので、インターネットや雑誌などで情報を集めてみるのも楽しいと思います。

⑦運用会社（委託会社）

まず窓口となっている販売会社ではなく、「運用会社」を調べるようにしてください。

運用会社とは、名前の通り実際にファンドを運用している会社です。目論見書では「委託会社」と表記されます。

皆さんも家電は量販店という窓口で買うにしても、その家電メーカーの商品の性能や評判を調べてから買うと思います。そして、量販店には他店よりも安く売っているかどうかを求めることが多いはずです。投資信託の世界も同じ構図です。家電メーカーがファンドの運用会社にあたるわけです。

これは、運用会社のホームページを調べてみるのが一番です。

主に次のようなポイントを確認してみてください。

- 国内の会社か外資系か
- どのような商品を運用しているのか

・今までにどれくらいの実績を上げているのか
・どのようなファンドマネージャーがいて、どのような運用体制なのか

腕のいいファンドマネージャーがいるなら、無名の会社であってもいいパフォーマンスを出せます。

そういうことからも、会社の規模が大きいほうが信頼できて、小さい会社はダメという判断基準にはなりません。

臆病な人は迷わずコレ！プロのアドバイザーが惚れ込んだインデックスファンド3選

それでは、ここで「売らなくていい」臆病投資に最適な商品をご紹介します。

1つだけでも、複数を組み合わせても構いません。どれも長期で積み立てするのに適し

ているので、少しずつ始めてみてはいかがでしょうか。

まずはおさらいですが、投資信託には、ご存じの通りインデックスファンドとアクティブファンドがあります。

インデックスファンドは、指数（インデックス）に連動することを目的にした投資信託です。

指数には、日経平均株価、東証株価指数、S&P500種指数などさまざまなものがあり、コストが安いという大きな特徴があります。

一方、アクティブファンドは、プロのファンドマネージャーが運用し、インデックス以上のリターンを目指すものです。

高いコストを払ってアクティブファンドを保有してもインデックスファンドに負けているものも少なくありませんが、**素晴らしい実績を長年積み重ねているアクティブファンドもあるのです**。

それぞれの良さがありますので、ぜひ2つを組み合わせて投資してみてください。

まずはインデックスファンドから王道のものを３つご紹介します。

気になる商品があれば、ネット証券会社や運用会社のホームページ、民間の評価サイトでご自身でもきちんと調べてみてください。そして、将来の目的や考えに合わせて組み合わせてみましょう。

なお、商品情報の欄で「ＮＩＳＡの対象である」と記載があるものも、金融機関によっては取り扱いがないケースもあります。事前に、取り引きしている金融機関に確認をお願いします。

NISA つみたて投資枠　NISA 成長投資枠

SBI・全世界株式インデックス・ファンド（愛称：雪だるま）

投資初心者が積み立てをする際に、基本で王道のファンドとしてすすめています。小さな資産から始めて雪だるまのように大きく成長させてほしい。そんな運用側の願いが感じられる、「雪だるま」という愛称がついています。

全世界株式という商品名の通り、時価総額が大きい企業から小さい企業まで全世界の株式を組み入れています。

国別ではアメリカが60％前後を占めます。日本は、7％ほどです。そのほか、先進国や新興国の株式も含め、**1つの投資信託で世界中の上場企業に投資できます。**

組み入れている上位の銘柄はGAFAM（グーグル、アップル、メタ（旧フェイスブック）、アマゾン、マイクロソフト）やJPモルガン、ジョンソン・エンド・ジョンソンなど誰もが知っている世界的な企業です。アジアの国からは、トヨタ自動車、TSMC（台湾の半導体大手）、サムスンなど。大型株のほうがウェイトが高くなりますが、**中型株、小型株も入っています。**

この商品は、ＦＴＳＥグローバル・オールキャップ・インデックスという全世界の株価指数への連動を目指しています。この「ＦＴＳＥ」の特徴は、世界の投資可能時価総額の98％をカバーし、中小型株までしっかりフォローしていることです。

もう1つ大きな特徴は、コストが安いことです。

運用管理費用である信託報酬が年０・１１０２％程度と、インデックスファンドの中でもかなり安くなっています。

長期の積み立て投資は、特定の国や地域の株式ではなく、世界の株式に分散投資することが王道です。コストも安く、ＮＩＳＡのつみたて投資枠と成長投資枠の対象商品でもありますから、投資信託のビギナーにふさわしい商品です。

◆商品の情報

- 純資産残高：１３７７・０７億円（２０２３年9月29日時点）
- 運用会社：ＳＢＩアセットマネジメント
- 信託報酬：年０・１１０２％程度
- 償還日：無期限

NISA つみたて投資枠　NISA 成長投資枠

eMAXIS《イーマクシス》 Slim《スリム》 全世界株式（オール・カントリー）

こちらも王道のインデックスファンドです。

前項の「雪だるま」との一番の違いは、連動を目指す株価指数にあります。

雪だるまがＦＴＳＥグローバル・オールキャップ・インデックス（以下、ＦＴＳＥ）との連動を目指すのに対し、こちらはＭＳＣＩオール・カントリー・ワールド・インデックス（以下、ＭＳＣＩ）との連動を目指しています。

この2つの指数はどちらも「全世界の株式」です。

しかし、中小型株式の組み入れに違いがあります。

ＦＴＳＥは小型株も含め約９０００銘柄を対象にしているのに対し、ＭＳＣＩは約３０００銘柄に投資しています。つまり、ＭＳＣＩはより大型株式中心に、ＦＴＳＥは小型株も含めより幅広い銘柄に投資をしています。

どちらも全世界株式へ分散投資する王道インデックスファンドですので、好みで選んでみてください。

初心者はどちらを選んでもいいと思います。

なお、「eMAXIS Slim」シリーズは、投資対象によってさまざまな商品があります。希望と違う商品を買わないように、商品名と実際に何に投資しているのかをよく確認してから購入しましょう。

◆商品の情報

- 純資産残高：14677・1億円（2023年9月29日時点）
- 運用会社：三菱UFJアセットマネジメント
- 信託報酬：年0・05775％
- 償還日：無期限

NISA つみたて 投資枠　NISA 成長 投資枠

野村インデックスファンド・米国株式配当貴族

（Funds-i フォーカス米国株式配当貴族）

ここまでにご紹介した2つのインデックスファンドは、全世界の株式に分散投資する王道の商品でした。ですが、「もう少し銘柄を厳選したほうが良いのではないか」という考え方もあります。

全世界の株式に投資するということは、赤字の会社などにも投資するということだからです。

そうするとたとえば、配当が高い会社だけを集めて投資したほうがパフォーマンスはもっと良くなるのではないか、といった考えも生まれてくるわけです。

そこでご紹介するのが、「ひと工夫」されたインデックスファンド「野村インデックスファンド・米国株式配当貴族」です。この商品は、アメリカの「配当貴族指数」というインデックス（指数）への連動を目指す投資信託です。

配当貴族指数はただ配当が高い企業を集めた指数ではありません。配当金が高い企業ではなく、増配できる企業を集めた指数です。

具体的にはアメリカのS&P500指数の構成銘柄のうち、主に次の3つの条件をそろえた企業で構成されています。

①25年以上連続で増配している企業
②時価総額が30億ドル以上
③1日の平均出来高が500万ドル以上

この中では、なんといっても①が大きな特徴です。

増配とは、配当を出すことは当然として、前の年より配当を増やすという意味です。25年連続ということは、ITバブル崩壊や、リーマンショックなどを経験している間も増配し続けたことを意味します。

さまざまな外部環境の激しい変化の中でも利益を出し、配当を増やしてきたということは、優秀な会社でパフォーマンスも良いということにつながります。

組み入れ銘柄数は現在67です。

ちなみに、アメリカには「配当貴族企業」が67社あるわけですが、日本で該当する企業は2社しかありません（2023年11月現在）。

それは花王とSPKです。2社しかないのはさみしい気もしますが、アメリカの企業のすごさが逆に分かる気もします。

インデックスファンドでもこのような「変わり種」を組み入れることも面白いと思います。

ちなみに、さきほど出てきたSPKという会社をご存じない読者も多いかと思いますが、国内の株式市場ではとても有名な企業です。自動車や建設機械などの部品を取り扱う商社で、海外でも幅広く事業を展開しています。

◆商品の情報

- 純資産残高：546・5億円（2023年9月29日時点）
- 運用会社：野村アセットマネジメント
- 信託報酬：年0・55％

・償還日：無期限

臆病だがアグレッシブにいきたい日もある！プロも太鼓判を押すアクティブファンド4選

ここまでインデックスファンドを3つご紹介しましたが、他にもさまざまなものがあります。この3つ以外はダメということではないので、興味のある人はいろいろとご自身でも調べてみましょう。

さて、ここからはアクティブファンドの商品をご紹介します。

そもそも、投資信託はモノ（商品）に投資するのではなく、人間（ファンドマネージャー）に投資する商品です。

投資信託とは、文字通り、資産を投げて、信じて託す、つまりプロに任せる金融商品です。本来ならファンドマネージャーにお金を託して預けるということになります。

ところが、日本の投資信託は運用するファンドマネージャーを公開していない商品があまりにも多い。海外ではカリスマのスターファンドマネージャーが大勢いるのに、大違いです。

ファンドマネージャーが定年退職をしたり、転職したりすると、同じ商品でも成績が変わります。本当はそれくらい重要なポイントなのです。

私は定期的に運用会社に問い合わせて、ファンドマネージャーが替わっていないかなどを確認するようにしています。

そのようにして厳選したアクティブファンドを4つご紹介します。

皆さんがいつか、このような商品をご自身で選べるようになったとき、投資はもっと楽しくなると思います。

NISA成長投資枠 NISAつみたて投資枠

キャピタル世界株式ファンド

NISA成長投資枠 NISAつみたて投資枠

キャピタル世界株式ファンド（DC年金つみたて専用）

アメリカの老舗の運用会社、キャピタル・グループが運用している、アクティブファンドの商品です。

インデックス投資家にバイブルと呼ばれている『敗者のゲーム』（日本経済新聞出版）という本があります。これは投資コンサルタントのチャールズ・エリスが書いた本ですが、その本ではインデックスファンドを全面的にすすめています。

そのチャールズ・エリスが『キャピタル　驚異の資産運用会社』（日経ＢＰ社）という本ですすめているのが、キャピタル・グループです。**インデックスファンド推しの人でもこの会社は別だと絶賛するくらい、素晴らしい運用会社なのです。**

キャピタルは非上場会社で、長期運用をするための体制を徹底して整えています。その1つが、ファンドマネージャーの評価体系です。

通常、ファンドマネージャーへの報酬は半年か1年くらいの成果で決まります。ファンドマネージャーもその間に頑張って運用の成績を上げようとしますが、そうなると短期的に上昇する株式を探すことになりかねません。短期上昇を狙うのは投機で失敗の確率が高まります。

キャピタルは短期の成果も評価しますが、最大で8年間の成績がもっとも評価されるようになっています。だからファンドマネージャーは長期的に上昇する株を時間と労力をかけて探して組み入れているのです。

この投資信託は、アメリカで1973年からキャピタルがずっと運用しています。もしこの投資信託がその頃から日本にあったとして、為替やコストも加味してシミュレーションしてみます。

すると、運用を開始した1973年3月末に100万円を投資した場合、2022年12月末現在で約79倍の7947万円まで増えたという計算になります。

その間、全世界株式のインデックスは約25倍の上昇。アクティブファンドであっても、**インデックスをはるかに上回る成績を出せるという好例**です。

また、この投資信託は9人のファンドマネージャーで運用しています。50年運用していると、どうしても途中で辞めるファンドマネージャーは出てきます。それでも一気に入れ替わらないように、時間とともに順番に替わっていって成績を落とさないようにしているのも特徴です。

キャピタルはチームでの運用を重視しているので、カリスマファンドマネージャーが抜けたらガタガタになるような事態を防いでいます。

銘柄数は300社弱で、上位に組み入れられているのはマイクロソフト、アルファベット（グーグル）などのお馴染みの企業のほか、ノボ・ノルディスクなど大企業を中心に投資しています。

ここまできっちりと「長期投資」のために運用しているので、長期の積み立てでアクティブファンドを1本入れたい人には、こちらをおすすめします。ただし、信託報酬は年に1・7%と高めです。この投資信託はNISAの成長投資枠対象ですが、つみたて投資枠は対象外です。同じ運用で信託報酬が安い（1・085%）「キャピタル世界株式ファンド（DC年金つみたて専用）」はつみたて投資枠で投資できます（逆に成長投資枠では購入不可）。

◆商品の情報

- 純資産残高：4711・7億円（2023年9月29日時点）
- 運用会社：キャピタル・インターナショナル
- 信託報酬：年1・701%
- 償還日：無期限

NISA つみたて投資枠　NISA 成長投資枠

モルガン・スタンレー グローバル・プレミアム株式オープン
（為替ヘッジなし・あり）

ロンドンを拠点にしているモルガン・スタンレーのチームが運用しているアクティブファンドです。

このチームがもっとも重視している投資哲学の1つが、「元本を失うな」。常にこの哲学を念頭に置いて銘柄の調査や分析にあたっているそうです。

次の3つの特徴を持った世界的な企業に集中投資しています。

1、ブランド力を持った企業
2、利益率の高い企業
3、豊富な手元資金を持った企業

たとえば自動車や不動産、半導体などの設備投資や借金が大きい会社は、景気が悪くなると一気に赤字が出ます。トヨタはブランド力があり、手元資金も豊富ですが、リーマンショックの際は赤字になり、株価は大きく下落しました。よって、この商品では採用されないでしょう。

対して、石鹸や飲料といった生活必需品などの業種は、どのような景気のときでも利用頻度が変わりにくいので、安定的な利益を出し続けられるのが強みです。

常に30前後の銘柄を厳選し、欧米のグローバル企業を中心に構成されています。上位に組み入れられている企業は、マイクロソフト、タバコのフィリップモリス、クレジットカードのビザ、世界的なコンサルティング会社アクセンチュアなど。レキットベンキーザーという、クレアラシルやミューズなどの日用品を製造しているイギリスの会社も入っています。

誰もが知っているグローバル企業ばかりですが、**銘柄の選定や入れ替えを丁寧に行っています。**

たとえば、株価がまだ高かったときに日本のＪＴを売却したり、２０１１年以降マイクロソフト株を買い増していったりしています。

この商品は現地イギリスの運用では１９９６年からであり、ドル建ての現地運用は、２０２２年末時点で26倍になっています。

同じ期間の先進国株価指数が6倍弱であることを考えると驚異的な成績です。

割高が懸念される派手なＩＴ企業への投資ではなく、投資対象も安心できます。

私は個人的に大好きな投資信託ですが、デメリットは、長く運用している分だけファンドマネージャーが辞めるリスクがあることかもしれません。

運用方針は明確なので、もしファンドマネージャーが替わってもチーム運用に期待したいところです。

この商品も信託報酬が高めで約2％です。

海外のアクティブファンドを日本に持ち込んでいるのでどうしてもコストは高くなりがちですが、そのコストを差し引いても評価できると私は思います。

インデックスファンドのみでは満足できない人におすすめです。


また、「為替ヘッジあり」のコースもあります。

為替ヘッジとは、為替変動リスク（円安になるとプラス、円高になるとマイナス）を取らないようにすることです。

そのために一定のコストはかかりますが、為替リスクをどうしても避けたい人にはおすすめでしょう。

◆商品の情報（為替ヘッジなし）

・純資産残高：２５４３・８５億円（２０２３年９月29日時点）
・運用会社：三菱ＵＦＪアセットマネジメント
・信託報酬：年１・９８％
・償還日：２０３７年２月20日

◆商品の情報（為替ヘッジあり）

・純資産残高：６７１・１１億円（２０２３年９月29日時点）
・運用会社：三菱ＵＦＪアセットマネジメント
・信託報酬：年１・９８％
・償還日：２０３７年２月20日

NISA つみたて投資枠　NISA 成長投資枠

セゾン資産形成の達人ファンド

日本では少数の独立系の運用会社のアクティブファンドです。

中野晴啓さんが、「長期目線の運用でなければ現場で運用をやっている意味がない」という想いから2006年にセゾン投信を設立されました。

セゾン投信の理念は「生活者の幸せを支えるための長期投資」。この理念には非常に共感します。残念ながら中野さんは2023年6月にセゾン投信を去りましたが、運用哲学や方針、体制は変わらないとのことなので、安心していいと思います。

セゾン投信は、他の運用会社の優良な商品をピックアップして自社の商品に組み込んでいます。バンガード、コムジェスト、アライアンス・バーンスタインなど、世界の一流運用会社のファンドを組み入れています。そして、日本とアメリカのほか、ヨーロッパ、新興国の株式に幅広く分散投資しています。

世界株の商品を買いたいときに、自分でいくつか商品を選べればいいですが、簡単にはできません。**この商品なら優れた運用会社のファンドを1つにまとめた「いいとこ取り」をしているので、自分で探す手間を省けます。**

運用会社にお任せで資産運用をしたい初心者や中級者には特におすすめの1つです。

◆商品の情報

- 純資産残高：2688・7億円（2023年9月29日時点）
- 運用会社：セゾン投信
- 信託報酬：年1・54％
- 償還日：無期限

NISA つみたて投資枠　NISA 成長投資枠

グローバル・ハイクオリティ成長株式ファンド（為替ヘッジなし）（愛称：未来の世界）

モルガン・スタンレーの香港のチームが運用しているファンドを、アセットマネジメントＯｎｅが日本で商品化したアクティブファンドです。

実際の組み入れ銘柄数は40弱くらい。

世界の企業の中から、競争力、成長力等を有する企業を運用チームが独自に選び、集中投資する戦略をとっています。

アマゾン、メタ（旧フェイスブック）などの定番の企業のほか、ウーバーやアメリカのソフトウェアメーカーのアドビ、インドの銀行であるＨＤＦＣ銀行などが上位に組み入れられています。

インドでは経済発展や収入の増加とともに、個人向けのローン市場が拡大しています。ＨＤＦＣ銀行はその恩恵を受けるだけでなく、先進的なネットバンキングサービスも提供しており、事業拡大が期待されています。

銘柄のラインナップを見ているだけで面白い商品です。

２０２１年まで抜群の運用実績を誇りましたが、２０２２年に大きく下落しました。ＩＴ企業や新興国企業が多く、価格変動も大きいので、一括で購入するよりも積み立て投資でコツコツ積み上げていくことをおすすめします。

１１１ページからの項目で解説した通り、つみたて投資信託は「価格が下がったときほどたくさん買えるチャンス」だからです。

◆商品の情報

- 純資産残高：５７７１億円（２０２３年９月29日時点）
- 運用会社：アセットマネジメントＯｎｅ
- 信託報酬：年１・６５％
- 償還日：２０４６年９月６日

ここまでおすすめの投資信託を紹介してきましたが、いかがでしたか？

投資信託にも意外と魅力的なものがたくさんあるんだな、と感じた人も多いのではないでしょうか。

インデックスとアクティブ。

投資信託のいいとこ取りをした**「ミックス投資信託」**に、一度トライしてみてください。

買った後は、長くほったらかしておけばいいのです。

ぜひあなたの性格やライフプランに合った**「臆病だからこそ安心していられる投資生活」**を実現してほしいと願っています。

PART 4

臆病な投資の7つのルール

「NG行為」を覚えておけば何があっても怖がらないメンタルになる

ここまでで、「全世界株式の投資信託×積み立て投資」の組み合わせがいかに最強なのかは、理解していただけたのではないかと思います。

もしかするといつか、「自分でも商品を選んでみたい！」という気持ちになるかもしれません。そんなとき、臆病な投資を長く続けるためには、いくつか注意点があります。

このPART4ではその7つのルールをご紹介します。

ルール1 絶対に買ってはいけない「テーマ型」投資信託

私は長年証券業界にいた経験から、「テーマ型投資信託」の商品は買わないほうがいいと思っています。もし、証券会社や銀行の担当者がすすめてきたら、要注意です。

「テーマ型」とは、今が旬のテーマに投資する商品のことです。

コロナショックの時期は、ズームのようなＩＴ関連企業に投資するテーマ型投信などが売れました。今ならＡＩや宇宙、自動運転やメタバースなどが旬のテーマで、テーマに合った関連企業の株に投資する商品になっています。

テーマ型の商品は毎年のように形を変えて生まれては消えていきます。

私はこれを「羊の皮をかぶった狼」と呼んでいます。近寄ってはいけない「危険」な狼なのに、見た目は羊の姿をしており、安全・安心に見えるから騙されてしまうのです。

『トム・ソーヤーの冒険』を書いたマーク・トウェインは、

「歴史は繰り返さないが、韻《いん》を踏む」

という言葉を残したと言われています。

これは、歴史はまったく同じことを繰り返すのではなく、韻を踏むように、少しずつ形を変えながら反復し続ける、という意味だと言われています。

テーマ型はまさにその通りで、形を変えながら反復し続けているのだと、私は感じています。形を変えてはいても、いつか暴落するという結末は同じです。

今、売れている商品が3年後や5年後も売れているとは限りません。

ブームはいつか終わります。ブームになっている商品より、普遍的なテーマの商品のほうが長く保有していられます。


2014年にシェールガス関連のファンドが人気を集めました。

エネルギーを制する者は世界を制すると言われています。当時は、シェールガスが注目され、アメリカは「シェールガス革命」によってエネルギーの輸入国から輸出国に変わり、すごい恩恵を受けるだろうとメディアで騒がれていました。

そんな波に乗って、2014年はシェールガス関連のファンドが多数発売されました。人気もうなぎのぼりで、**「シェールガス関連のファンドを買ったら儲かる」**と多くの人が期待していましたが、ピークはあっという間に訪れました。

2014年は右肩上がりだったのが、2015年に入ると下落する一方。そのあとは持ち直したら下落し、持ち直したら下落し、の繰り返しで**最後は暴落しました。**

また２０２１年頃は、ＦＡＡＮＧの銘柄をすべて含んだ投資信託が人気を集めました。日本では**GAFA**《ガーファ》という呼び方が一般的ですが、海外ではそれにネットフリックスを加えて**FAANG**（ファング：Ｆａｃｅｂｏｏｋ／Ａｍａｚｏｎ／Ａｐｐｌｅ／Ｎｅｔｆｌｉｘ／Ｇｏｏｇｌｅの５社）と呼ばれています。

この５銘柄の時価総額の合計は、２０２１年末には日本の東証一部の上場銘柄、二千数百社の時価総額合計の１・５倍までになりました。これは１９８０年代後半に、ＪＲ山手線の内側の不動産価格でアメリカ全土が買えると言われたことがあったのとよく似ています。

株式市場は「ＦＡＡＮＧ頼り」になりましたが、ここに投資していれば安心というわけではないという点は知っておいたほうがいいでしょう。

２０２２年に**アマゾンの株価は約50%暴落しました**。

ＦＡＡＮＧのようなけた外れの時価総額をたたき出している企業が、リーマンショックのときに槍玉に挙がったウォール街の金融機関のようにバッシングされる可能性もゼロではありません。何らかの理由で大きく落ちることもあるので、「絶対安心」な銘柄はないのだと思ってください。

ルール2 たとえ地味でも「ロングセラー」こそ生涯の友になる

昔は、出前のバイクと言えばホンダのスーパーカブでした。

発売されたのは1958年と、実に60年以上も世界中の人に乗られてきました。同社によると、その数、累計1億台以上。

決してモードなデザインではないですし、スピードもそれほど出ない。それにもかかわらず世界中で愛されているのは、安くて丈夫だから、の一言に尽きます。

世界中のバイクの中でもっとも燃費がいいと言われ、東南アジアの国では平気で5、6人乗りしていますが、壊れません。

投資信託でもそういった世間の荒波を乗り越えてきたロングセラーの商品を見つけられれば、資産運用の強力な味方になります。10年後も20年後も持ち続けられたら、最強です。

新しいモデルの車やバイクはカッコいいし、性能もいい。しかし、流行はすぐに終わってしまうかもしれません。ロングセラーの商品は見た目だけではない、信頼できるだけの材料がそろっています。

ここで1つ、大切な注意点があります。

それは、「**投資信託のすべてが安全ではない**」という点です。

証券会社や銀行から投資信託をすすめられるままに買ったら大損したのにもかかわらず、さらに新たな商品をすすめられ、買ったらまた損をした……という話を身近な人から聞いたことがあるかもしれません。

日本で買える投資信託は、なんと6000本以上もあります。

投資信託が個別の株投資と大きく違うのは、突然運用が終わる商品があるところです。解約が相次いだり、運用がうまくいかない商品は、販売終了となる場合もあります。そんな商品を選んでいたら、損をしてしまうのは当然です。

逆に、運用がすぐには終わらないような、**長期的に運用している商品を選べば、安定した利益をずっと得られることになります**。

試しに楽天証券の投資信託のページで、過去10年の実績高評価（ファンドスコア5）の商品を検索したところ約2500件中わずか126件でした。いかに長期間、いいパフォーマンスを保っているのは難しいのかが分かります。

そして、新商品には要注意。

新商品とは名前の通り、これから運用が始まる商品、もしくは運用が始まったばかりの商品です。当然、何も実績がない状況なので、判断材料がありません。

証券会社や銀行の担当者からすすめられたのだとしても、いい商品だからすすめられたというより、「新しくできた商品だから売ろうとしている」と考えたほうがいいでしょう。

どんな業界でも新商品を積極的に売ろうとするのは珍しい話ではありません。

臆病な投資を続けるためにはロングセラーがベストなのだと覚えておきましょう。

ルール3 人気ランキングを信じてはいけない

私たちは知らず知らずランキング情報の影響を受けています。

たとえばレストランを探すとき、食べログなどをチェックして、「高評価のお店ならおいしいに違いない」と思い、行ってみたら「ん?」となることもあります。

投資信託も人気ランキングはあります。

正直なところ、私たちのように投資信託をずっと見てきた者からすると、**ネットに出ている人気ランキングはまったく当てになりません**。

ランキング情報はむしろノイズ（雑音）のようなものです。長期運用には役立ちません。

そのランキングに並んでいる商品は、現在のパフォーマンスがいいものばかりです。5年後や10年後に良い結果になるという意味ではありません。

最近なら、ブル・ベアファンドという商品が上位にランクインしています。

ブルとは上昇相場のことを意味し、雄牛（ブル）が角を下から上に突き上げている姿に由来しています。対するベアとは下落相場を意味し、熊（ベア）が手を上から下に振り下ろして攻撃する姿から名付けられました。

この商品は、先物などを活用してレバレッジ（てこの原理）をきかせて、投資資金の何倍もの利益を得ることを目的にしています。

投資信託と言っても、日によって値動きが激しいので、資産運用には向かないファンドです。それでも人気が高いのは、大きなリターンを狙っている人たちが買っているのでしょうが、そんな流れには巻き込まれないように。

売れている商品を買った時点で、すでにブームの後追いで、高くなっているものを買わされるのだという点に注意しておいてください。

臆病な投資に必要なのは、今売れている商品ではなく、長く売れ続けている商品なので、

ランキングを見る必要はないのだと覚えておきましょう。

ルール4 「分配型」はＮＧ！ 巧妙なワナに騙されてはいけない

投資信託の初心者は「毎月分配型」をすすめられることがあります。

その名の通り、「毎月いくらかの分配金を受け取ることができる商品」で、毎月キャッシュが入るのはお得なような気がします。

定年退職後のシニア世代にとって、貯金が減っていく生活は不安なものです。だから、年金にプラスして「分配金」を受け取りたいと考える気持ちもよく分かります。

しかし、**分配型は買ってはいけないＮＧ商品の１つです**。投資の世界は、「いい」と思われているものが、実は良くないという例が山ほどあるので、あちこちにワナが潜んでいるのだと思ってください。

問題点1　元本が削られている

分配金は、必ずしも運用した利益から分配されているとは限りません。実際は運用益からではなく、元本を取り崩している商品が多いのです。

つまり、10万円投資をして、１万円の分配金を受け取ったとしたら元本が９万円になっているわけです。

そもそも投資信託の分配金は、一般的にイメージできるような「配当金」や「利息」のように、元本とは別に払われるものではありません。「元本払い戻し金」と表現したほうが実態に近いでしょう。運用しながら毎月一定額を取り崩したい人以外は、やめたほうがいいです。

問題点2　資産の増え方に差が出る

結論から言えば、毎月分配型は、「複利運用効果」が得られません。

たとえば、利回り年5％の投資信託があったとして、それに1万円を投資します。すると、1年後には1万500円になります。翌年は「1万500円」を新たな元本にした運用ができます。すると〝利息が利息を呼ぶ〟と言われる複利効果が生まれます。

けれど毎月分配型は、「1万500円」から数百円を分配に回します。すると、**複利効果が得られないどころか、元本が減っていくことすらあるわけです**。これでは、資産運用は夢のまた夢です。

「元本が削られても良い。一定額を取り崩しながら運用したいんだ」

もし、こう考えている方がいたとしても、毎月分配型の投資信託を選ぶ必要はありません。

楽天証券等では投資信託を購入した後、「**定期売却**」ができます。自分自身が必要な金額を取り崩しながら運用できるのです。人によっていくら受け取りたいかは異なりますので、運用会社に「分配金」を機械的に決められるのではなく、「毎月1万円を取り崩そう」などと自分で決めるほうが良いでしょう。良い投資信託を購入し、取り崩し設定をしたほうが、毎月分配型を購入するよりもおすすめです。

こういう問題点を事前に知っておけば、分配型を選ぶ人はほとんどいないでしょう。

特に長期で積み立てる場合は、分配金のない投資信託でないと、毎月投資したお金の一部が戻ってくるようなものなので、気を付けましょう。

ルール5 「何が起きても2年で元に戻る」と知っておく

投資の世界には、「VIX指数（Volatility Index）」という有名な指標があり、別名「恐怖指数」とも呼ばれています。

これは、シカゴにある金融商品の取引所が、アメリカの株価指数「S&P500」の予想変動幅をもとに算出している指標です。

VIX指数は、**投資家の「不安」が大きければ大きいほど、数値が跳ね上がります。**この指数は、平常時は「10~20」くらいです。

普段は「30」を超えることもめったにないのですが、コロナショックで出た数字はなんと「82・69」。2008年のリーマンショックに匹敵する異常な数字でした。いかに投資家が動揺して、不安がっていたかが分かります。

一攫千金を狙う投資家にとっては、暴落しているときこそ買いどきです。

当時、コロナショックでさまざまな株価や数値が下落しているのは誰の目にも明らかでした。投資をやったことがない人でも、「今すぐ株を買えばいいのではないか」と感じていたかもしれません。

しかし、実際には、ほとんどの人は新たな取引をするのは怖くて、手控えてしまったと思います。買いどきだと理解していても、無意識に恐怖心が上回ってしまったはずです。**それほど理性は弱く、感情は強いものです。**

75ページの項でお伝えしたように、世界ではウクライナショックのような暴落が、過去60年間で実に13回も起きています。

ところが、**ショック級の事態が襲っても、平均的に株価は「20カ月」をかけて回復していることも忘れないようにしてください。**

たとえ臆病な私たちであっても、2年ほどで回復すると知っておけば、チャートが激しく変動してもそれほど動揺しないでいられると思います。

ルール6 債券ファンドは覚悟して買え

「債券ファンドは買わない」もしくは「買うならば、それほど結果が出ないことも覚悟する」という少々辛口のルールです。

投資信託には、「△△△株式ファンド」や「債券□□□ファンド」とか、いろんなネーミングの商品が販売されています。

臆病な投資生活を成功させたい人は、その中で**「日本債券」が中心になっているものは、避けたほうが良いでしょう。**

外国の「株式」のインデックスファンドを積み立て投資した場合と、日本国内の「債券」のインデックスファンドを積み立て投資した場合を比較してみましょう。

まずは「株式」のほうから。

三井住友トラスト・アセットマネジメントの「外国株式インデックス・オープン」という実際にあるインデックスファンドを例に挙げます。これは2000年から運用をスター

「外国株式インデックス・オープン」の積み立て総額と評価額の推移

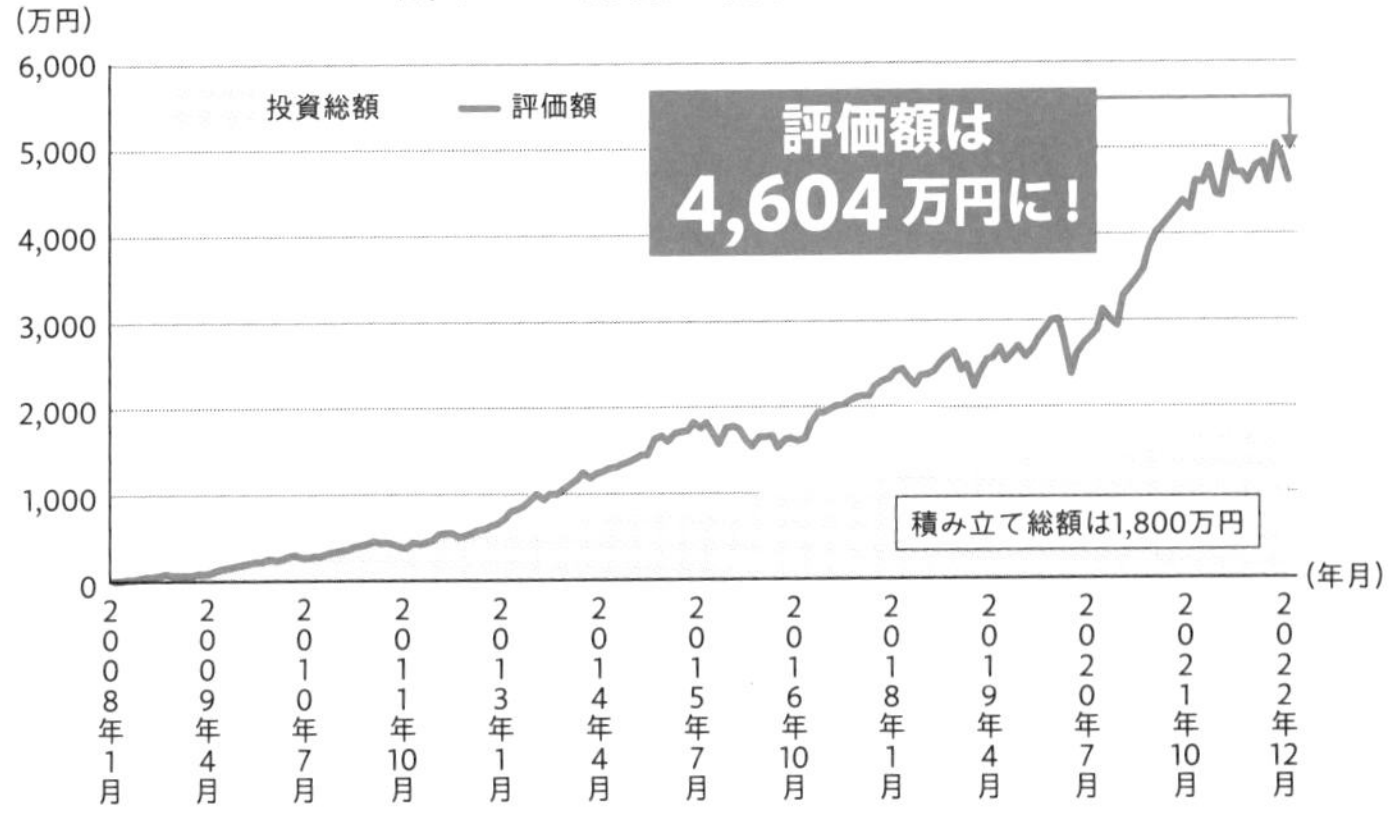

トし、20年以上続いているロングセラーです。

この商品を２００８年1月～２０２２年12月まで15年間、毎月10万円積み立て投資をしたとします。上のグラフをご覧ください。

払った積み立て総額は１８００万円になります。

２０２２年12月末時点の時価評価額は４６０４万円になり、投資額１８００万円を引いた利益は約２８００万円になります。

この商品はリーマンショックやコロナショックなど、途中で何度か大きく落ち込んでいますが、その後盛り返し、右肩上がりで成長し続けています。下がったときに量を増やせたから、**15年で約２８００万円もの利益を出せたのです。**

対して、同じ三井住友トラスト・アセットマネジメントが運用している「日本債券インデックスファンド」はどうでしょうか。左ページ上のグラフをご覧ください。

この商品を２００８年1月〜２０２２年12月まで毎月10万円積み立て投資をして、15年間で積み立て総額は１８００万円という点は同じです。

ところが、２０２２年12月末時点の時価評価額は１８３５万円。**15年間で35万円しか増えていないという、なかなか衝撃的な結果です**。

これは、商品の価格がゆるやかな上昇で下落もあまりしていないためです。１８９ページのグラフもあわせてご参照ください。

ウクライナショックやコロナショックなどの経済危機でも大きく落ちていない代わりに、大きく伸びることもありません。

このような価格変動が少ない商品に積み立て投資をしてもあまり増えないのです。

たとえ臆病な投資であっても、利益が少なすぎると、さすがに穏やかではいられません。

この「日本債券インデックスファンド」のような投資をしていると、利益が増えないことで、むしろ余計に将来が怖くなってしまうかもしれません。

「日本債券インデックスファンド」の
積み立て総額と評価額の推移

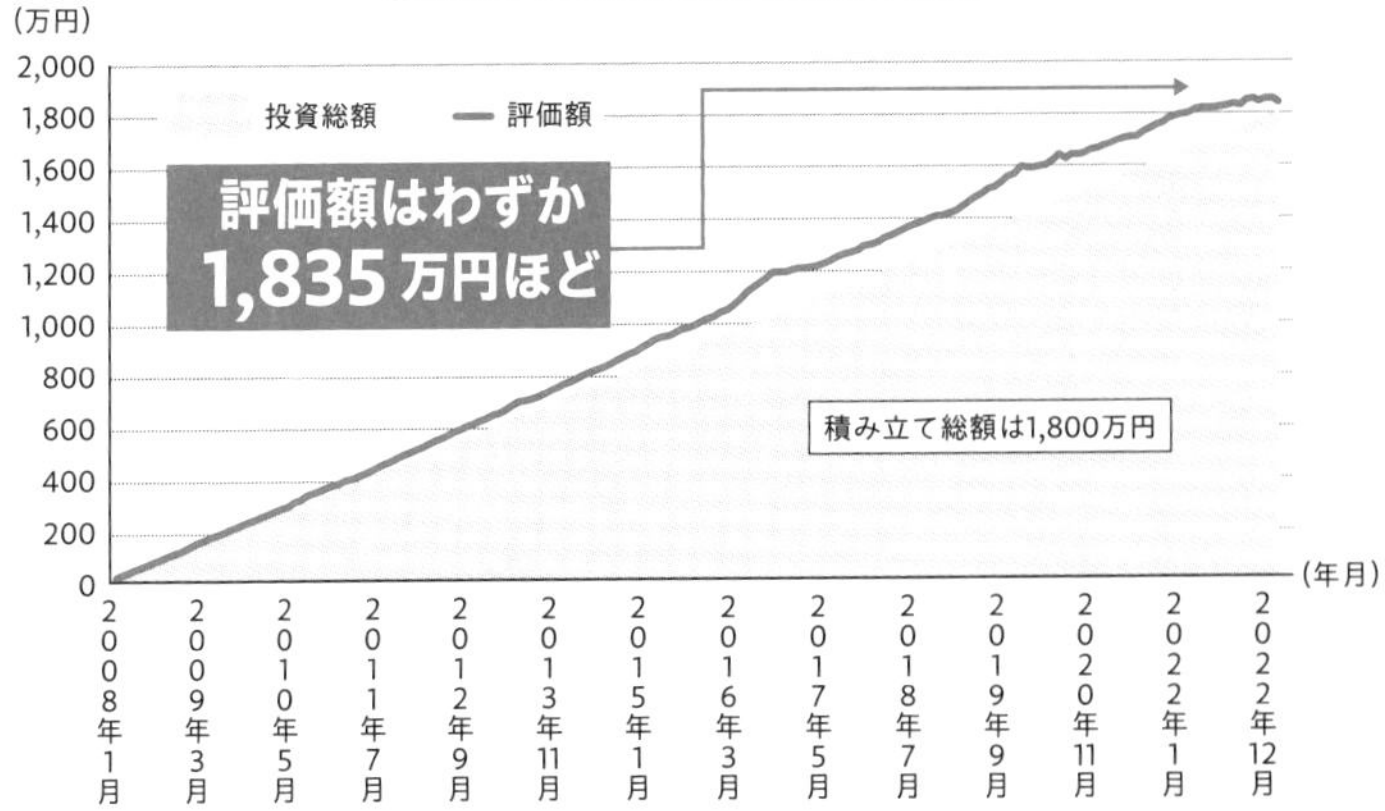

ですから、年数とともに利益が増えていく
［全世界株式の投資信託×積み立て投資］が
臆病な投資には最適なのです。

ルール7 チャートが気になる人は「U字か、直線か」だけ見ればよし

前述したように、資産運用の究極は「忘れていられること」です。

私たちは仕事に没頭したり、家族や知人と大事な時間を過ごしたり、趣味を楽しんだり、忙しい日々を送っています。そんな日常生活で、毎日「いくら増えたかな」「減っていないかな」と心配するより、忘れていられるほうが健全な生活を送れます。

積み立て投資なら、それを実現できます。

普通は、何年にもわたって一直線に近い形で右肩上がりに値上がりしている商品は、この先も右肩上がりが続くだろうと、迷わず選ぶでしょう。

しかし、積み立て投資にとってはあまりいい商品ではありません。**なぜなら、値下がりして口数を増やすチャンスがほとんどないからです**。それどころか、右肩上がりだと毎月買える口数が減っていきます。

また、価格が変動せず横ばいの商品も、あまり積み立て投資の威力を発揮できません。小さく下がって、小さく上がっている場合は、量を買えず、価格も上昇していないためそ

「日本債券インデックスファンド」の基準価額の推移

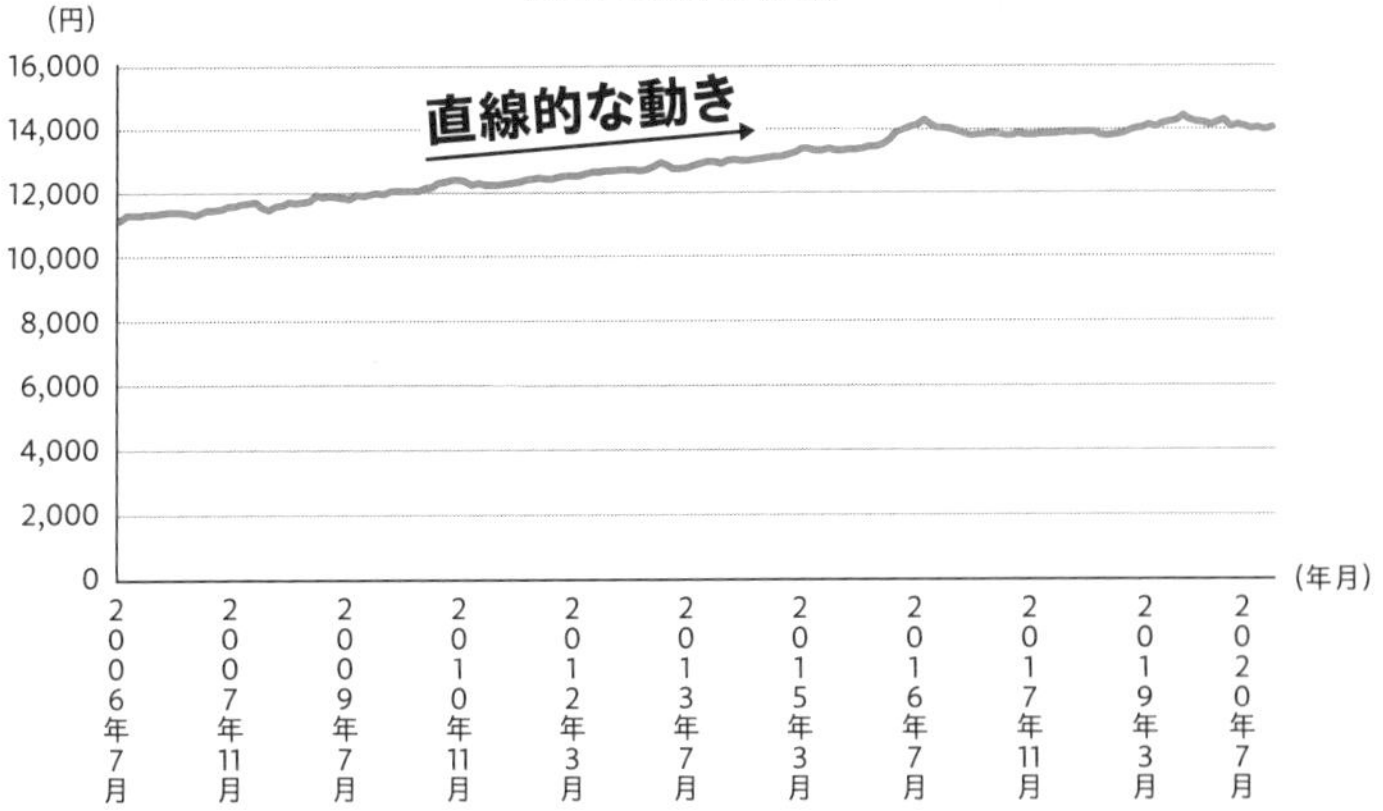

れほど変化は起きなくなります。安定しすぎているのは、積み立てには向いていないのです。

上のグラフを見てください。

これは１８７ページと同じ投資信託です。２０２０年９月まで、横ばいに近い感じで上がり続けています。これを２００６年７月から２０２０年９月まで、毎月10万円ずつ約14年間積み立てたとすると、積み立て金額は約１７１０万円となり、最終的な総額は１８８６万円。１７６万円しか利益を出せません。

積み立て投資で理想的なのは、**「U字」の値動きをしている商品です。**

「One国内株オープン（愛称：自由演技）」の
基準価額の推移

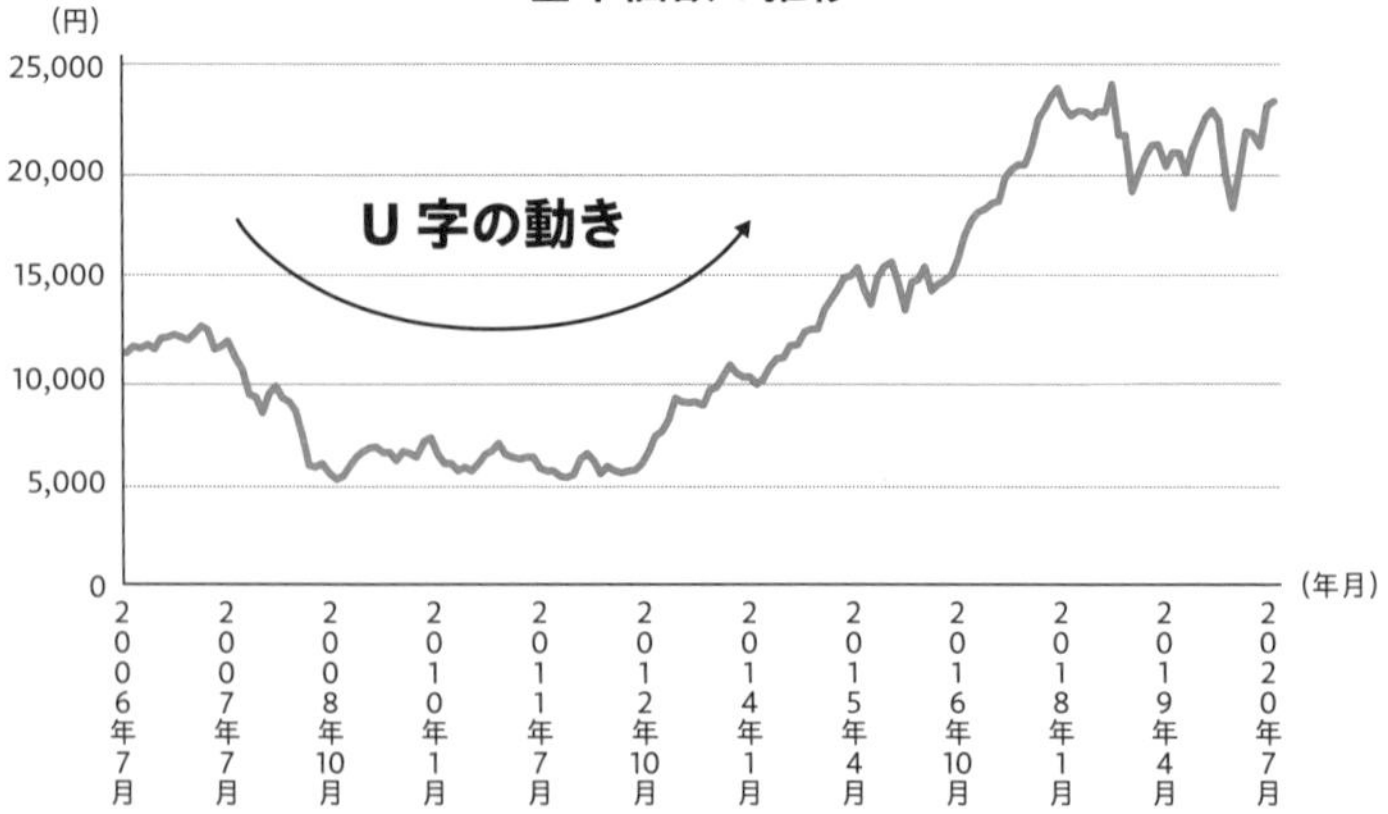

上のグラフを見てみてください。これも投資信託です。「One国内株オープン」という実際にある投資信託です。

大きく値下がりして、しかも低迷している時期が長い。この商品は10年間で理想的なU字型の値動きをしています。

この商品も2006年7月から毎月10万円ずつ14年間積み立てたとします。すると、価格×量の総額は約4000万円になります。値下がりしている期間が長かったので、その間に量を増やせて約2300万円もの利益が出たのです。

これを多いと見るか、少ないと見るかは人それぞれでしょうが、少なくとも銀行で寝かせておくよりお金を生んでいるのは間違いありません。

したがって、**これから買う商品が暴落したとしても、「U字になるチャンスだ」と思ってください。**

積み立て投資は10年を1サイクルで考えます。

とはいえ、長期間下落が続いていると、さすがに「このまま持っていていいのだろうか」と不安になるでしょう。

U字ならいずれ日の目を見られますが、もしL字のままだったら、その商品は運用がストップする可能性もあります。それでも積み立てで量を稼いでおいたら、少しは利益を出して終わる可能性がゼロではありません。

しかし、歴史を見ると世界の株式市場全体で「10年連続で下落し続けたことはない」のですから、世界の株式に分散投資する優良な商品さえ選んでおけば、いずれ上がるという希望があります。

PART 5

「今すぐお金が欲しい人」のための3つの方法

今すぐお金が必要なのか、将来お金が必要なのかで投資法を選ぶ

ここまで、将来大きく利益を得るための投資についてお話ししてきました。

「将来の備えは必要だけれども、今すぐ使えるお金が欲しい」という人も多いでしょう。

そこで、今すぐお金が欲しい人のための方法もご紹介します。

お金が欲しい理由は人それぞれです。

たとえば、将来の病気やケガに備えたい、老後の蓄えが欲しい、年金の補完として収入が欲しい。あるいは、子供の教育費を確保したい、自分が起業するための資金を貯めたい、家族のマイホームを買いたいなど、さまざまな目標や夢があるでしょう。

突き詰めると、理由はいろいろでも、「今すぐ欲しい」のか、「将来欲しい」のかの2つ

しかありません。

将来欲しい人のための方法が「資産拡大」です。

今すぐ欲しい人のための方法が「定期収入」です。

「資産拡大」が目的になるのは、基本は現役世代です。数十年先の未来のため、もしくは老後のために、長期的に確実に増やしたいというニーズがあります。

「定期収入」が目的になるのは、今すぐ使えるお金が欲しいシニア世代が中心になるでしょう。

リタイアすると、現役時代より入ってくるお金が減ります。それでも生活水準はなかなか下げられず、かといって、この先何十年も貯蓄を取り崩しながら生活していくのは不安があります。

やはり、年金にプラスして収入があれば、安心して暮らせるようになります。それを補うために定期収入としての投資があります。

この2つの目的のどちらを選ぶかによって、資産運用の仕方は変わります。

一番目の資産拡大が目的なら、投資信託で積み立て投資を続けてください。その場合、ここまで述べてきたように、世界株式型への積み立て投資が最適です。

二番目の定期収入が目的の場合は、別の方法をおすすめします。

一般的に、年齢が高い人は、投資信託はやめたほうがいいと言われることが少なくありません。

それは、投資信託の長所を活かすには長い時間が必要だからです。

60代で30年後にリターンがあるように投資を続けるのは、さすがに現実的ではありません。

そこで、定期収入も欲しい人におすすめなのは、次の3つの運用方法です。

1、「債券」で利息を受け取る方法
2、「株式」で配当金を受け取る方法
3、「ETF（上場投資信託）」で分配金を受け取る方法

この3つなら手持ちの資金を使って、定期収入を受け取れます。

大きく利益は出せませんが、月に数万円でも利益があれば、暮らしにも精神的にも余裕

が生まれるはずです。

シニアになってから個別株式で短期的に売買をするのは、それこそ手元の資金を大きく減らすことになりかねないので、やめたほうがいいと思います。ただし、配当金をもらうための穏やかな投資なら、むしろシニア世代に適しています。

もちろん、FXや仮想通貨など、ハイリスクの投機にチャレンジするのはもってのほか。失ったお金を働いて取り返せない状況になってからのハイリスクの投機は、身を亡ぼすだけです。

不安なときこそ、少しずつでも着実に増やせるような、身の丈に合った資産運用が自分を助けてくれます。

いわば、臆病な投資の応用編のようなものです。

なお、今すぐお金が欲しい現役世代にも、この3つの方法は適しています。投資信託で将来のお金を、3つの方法で今必要なお金を、と両輪で資産運用できれば最強です。

3つのうちから1つだけ選んでもいいですし、2つ以上を組み合わせても構いません。

それぞれについての詳細を知り、自分に合っていると思う資産運用を選びましょう。

手堅く簡単な「債券投資」

債券投資は、定期収入を得る3つの投資の中で、一番簡単にできます。

債券投資とは、国や地方自治体、企業が発行する債券を買うことです。

株券と債券の違いは、株券を買うと、あなたは株主＝会社の所有者の一員になれます。

一方、債券を買うと、あなたはお金を貸した貸主になります。

貸したお金（投資額）は、返済期限になると貸した側がつぶれない限り、基本的にそのまま戻ってきます。貸している間に利息がついて、それを定期的に受け取れるのが債券投資です。

一言で言うと「ローリスク・ローリターン」の手堅い投資です。

◇**債券の種類**

債券は、主に次のような種類があります。

- **国債**：国が発行する債券
- **地方債**：地方自治体が発行する債券
- **政府保証債**：独立行政法人などの政府関係機関が発行する債券
- **社債**：企業が発行する債券
- **外債**：通貨、発行市場、債券の発行体のいずれかが外国である債券　など

◇**債券の仕組み**

債券には満期（返済期限）があり、３年後、５年後、10年後などにお金が戻ってきます。株券と同じように電子化されています。

たとえば、Ａ社が３年満期で利息が３％の債券を、額面１００万円で発行したとしましょう。

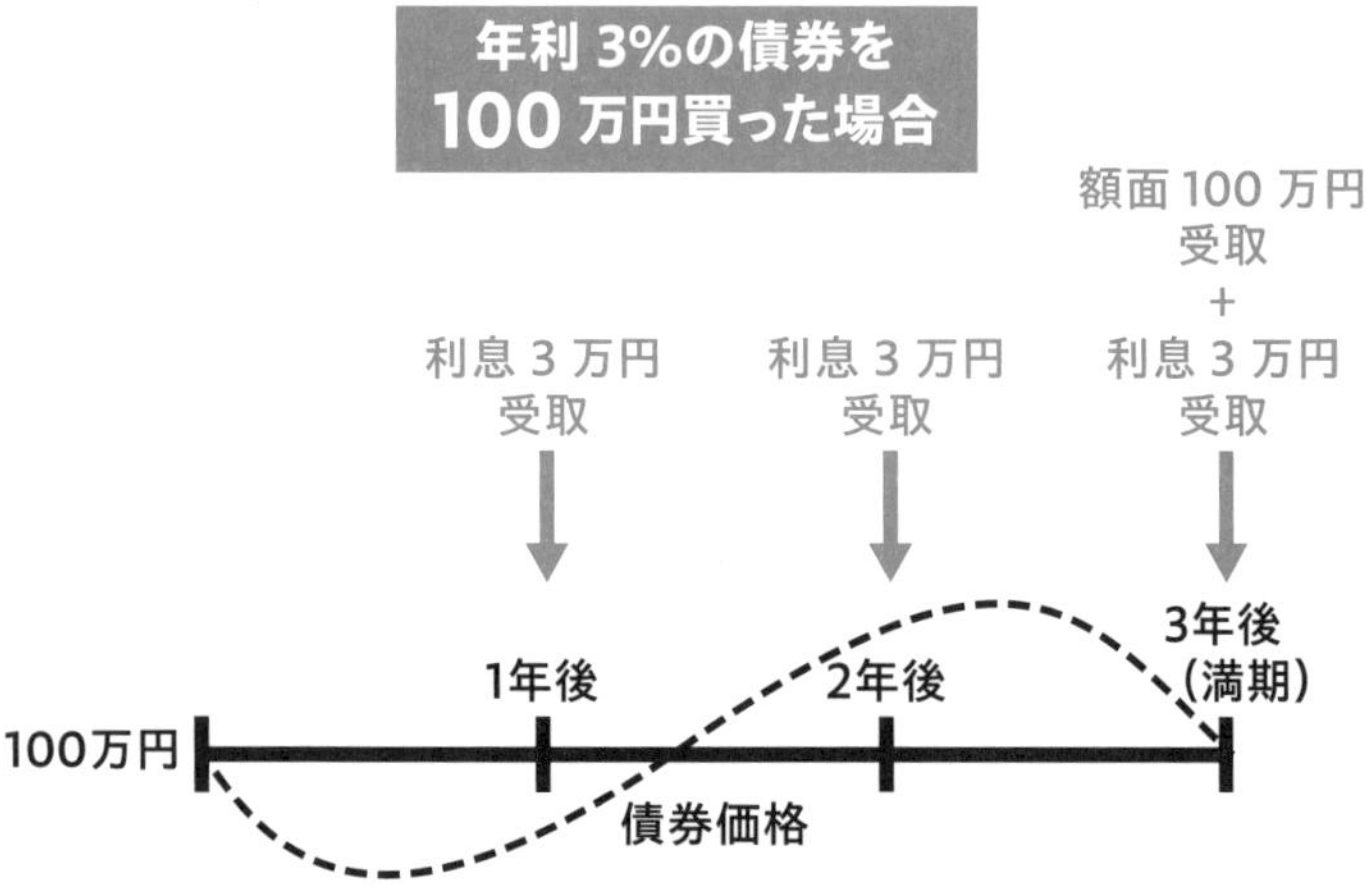

１００万円の３％だから利息は３万円です。投資家には毎年３万円の利息が支払われ、３年後には１００万円が返ってきます。

債券自体の価格は株価のように途中で変動しますが、満期まで保有すれば変動は関係なく、発行時の額面金額で返ってきます。

債券は、途中で売ることを考えず、満期まで持つという前提で買いましょう。

満期の前に売却することもできますが、株投資のように買ったときより高い価格で売れれば売却益を得られるものの、安い価格で売ってしまうと損をすることになります。

◇投資をするときの注意点

債券は買いたいときに買えるわけではありません。

新しく発行する債券（新発債《しんぱつさい》）は購入できる募集期間が決まっていて、その期間内に申し込む必要があります。

発行された後、市場に流通している債権を既発債《きはっさい》と言います。株式のように取引で売買されているのではなく、証券会社を相手として購入や売却を行っています。

債権は発行体が破綻したら元本や利息は支払われない可能性もあります。

しかし、**逆に言うと破綻しなければ赤字でも業績が悪くても額面も利息も支払われます。**

また、外貨建ての債券は円に替えるときに、為替レートによって投資元本を下回ることがあるのもリスクの１つです。

ほかに、債券の中にはデリバティブ（先物取引など）が組み込まれた高金利の「仕組み債」というものがありますが、これは普通の債券とはまったく別のものですから、注意が必要です。

◇債券が買える場所

債券は証券会社等のウェブサイトから購入するか、店舗など営業担当者経由で購入できます。銀行ではなく証券会社で購入するのが一般的です（個人向け国債は銀行等でも購入可能）。

◇債券の格付け

牛肉に格付けがあるのは、皆さんもご存じだと思います。「当店のステーキはA5の黒毛和牛を使っています」などとPRしているレストランもありますよね。

債券にも似たような格付けがあります。リスクを避けて債券を購入するには、事前に債券の信用度を示す格付けを確認することをおすすめします。

債券の格付けは、ムーディーズ、S&Pなどの民間の格付け会社がしています。

一般的にはBBB－（トリプルBマイナス）以上がいいと言われていて、慎重すぎる人はAAAやAA＋など、なるべく信用度が高い債券を選びましょう。

格付けが低いと利回りは上がりますが、逆にリスクがあるので、慎重な人にとってはあまり格付けが低くないほうが安心です。

◇おすすめの債券投資

債券の中では、今なら米国債券や優良企業の債券が「推し」です。

10年満期の米国債券で年利回りが4％以上あります（2023年11月時点）。破綻する可能性が極めて低い米国債でも4％以上ですから、企業が発行する社債は、もっと高い利回りになります。

たとえば、ウォルト・ディズニーの2040年満期の債券で5・5％、三菱UFJFGの米ドル建て債券で5・1％あります。

そのほかにもさまざまな優良企業の債券が、高い利回りになっています。楽天証券では数百銘柄の取り扱いがあり、ネットでも気軽に購入できます。

日本の国債は、残念ながら10年国債で利回りは0・76％。

自分の国を応援したい気持ちはあっても、これだけ差がつくとおすすめするのは難しいのが現状です。

「推し」企業の株主になる「配当株式投資」

2つ目が、株式の配当です。

「株は安いときに買って、高くなったら売る」とよく言われますが、これは「キャピタルゲイン」と呼ばれています。

私がおすすめするのは株式の配当金や債券の利息などで利益を得るインカムゲインです。

配当株式投資は、きちんと銘柄を選べば定期的に配当金が入ってきます。

売買のタイミングを考える必要がなく、一度買ったら後は何もしなくてもいいので、臆病な投資に最適です。

◆配当金とは？

配当とは、企業が株主に「定期的に利益の一部を配る」お金です。

株主は自分が持っている株の数の分の配当金をもらえます。日本の企業は、配当金の支払いが年１〜２回というケースがほとんどです。

やはり配当を受けとると嬉しいのは言うまでもありません。配当をきっちり払う企業なら、５年でも10年でも持ち続けたくなるでしょう。

そのためのおすすめ基準が、連続して増配して、配当金が増えている企業であること。

そういう企業の株式を選べば、保有していると配当金が増えるだけでなく、株価の上昇も期待できるので、二重のメリットがあります。

一緒にランチするだけの権利が25億円で落札されたウォーレン・バフェット氏も、コカ・コーラのような連続増配企業の株式を何十年も保有しているという話は有名です。

バフェット氏が会長兼ＣＥＯを務める持株会社のバークシャー・ハサウェイ社が運用する資産の約25％は高配当株が占め、平均17年間も保有している銘柄がいくつかあるそうです。

これまで日本企業は連続で配当を増やすことをあまりしてきませんでした。そのため、自分の好きな企業の株を買って、長期間応援しながら配当金をもらうという本来の株式投資がなかなか根づきませんでした。
最近になってようやく配当に力を入れる日本企業が増えてきたので、以前よりもよい株式投資がしやすい環境が整ってきました。

◆配当金の計算の仕方

たとえば1株当たりの配当金が100円なら、100株保有していると配当金は1万円になります（実際は税金を差し引いた金額が入ってきます）。

一般的に、利回り3％以上が高配当株と言われます。

配当利回り（％）＝1株当たりの年間の配当金 ÷ 株価 × 100

どんな銘柄が高配当株かは、証券会社のサイトなどの利回りを見て選ぶことができます。
配当金狙いで投資するときは長期に保有するのが基本です。そのため買うタイミングは考えなくてもいいのですが、実際のところ株価の変動は大きいものです。一度に全部買わず、時間分散して分けて買うのが鉄則です。

選ぶポイントとしては、利回りだけでなく長期に配当が安定している会社かどうかです。

証券会社のサイトでは資産や売上高、負債なども見ることができるので、売上高が不安定、負債が多いなど財務状況が良くない会社は避けたほうが無難です。ただ、一般の人が財務状況を分析するのは難しいと思います。そこで、連続増配企業の株式が、分かりやすさという点で重要になります。

連続増配企業は配当を毎年増やすだけでなく、利益も成長している会社が多くあります。そのような会社は、長期的に株価の上昇も期待できるのです。

また、**自分が好きな企業や好きな商品をつくっている企業、応援したい企業を選ぶことも意外に重要です。その中で高配当や連続増配の企業があったら、長く投資を続けられるでしょう。**

◆配当株の注意点

株を持っていれば必ず配当金がもらえるというわけではありません。

配当金は会社の利益を株主に分配するものですが、会社の業績が悪くて利益が出てない場合は配当金が支払われない「無配」という状態になります。

なお、通常は配当金にも税金が20・315％かかりますが、ＮＩＳＡ口座を使えば非課税になります。

◆おすすめの配当株

定期収入としておすすめするのは、これも日本株ではなく、アメリカの配当成長株です。**なぜなら、アメリカの企業は配当金を株主に還元することを重視するからです。**配当金の支払い回数は年４回という企業が多く、利回りも高いので、定期収入として心強い味方になってくれます。

ポストイットで有名な【３Ｍ《スリーエム》】は予想配当利回り４・９７％、【コカ・コーラ】は予想配当利回り２・７７％、【ジョンソン・エンド・ジョンソン】の予想配当利回りは２・５６％です（いずれも２０２３年7月時点）。

これらの企業は60年以上連続で増配しています。コカ・コーラの株式を30年前に買ってずっと保有している人は、配当がなんと10倍になっています。

詳しく言うと、30年前に１００万円で購入した人は、当時、配当を1万３０００円ほど受け取れました。ずっと保有しているだけで少しずつそれが増えていき、今は配当を13万円受け取れるイメージです。

アメリカにはこんな企業がたくさんあります。

ですので、配当を狙うなら、**アメリカの配当成長株がベストでしょう。**

日本株を買いたいなら PBRをチェックする

「海外株より、日本株はダメなの？」と思う人もいるでしょう。

そこでためらう気持ちはよく分かります。

「世界のことはよく分からないから怖い」と思うのは自然な感覚です。

ただ、最近は若い世代はみんな海外の株を買っています。日本株を中心に持っているのは、60代、70代が多いという印象を受けます。

日本株は最近の10～20年だけならリターンは悪くはありません。ただし、日本の企業は全体的に元気がないと言われます。

最近、投資の世界では「ＰＢＲ1倍」という言葉をよく聞くようになりました。

ＰＢＲ（Price Book-Value Ratio）は企業の資産や財務状態をもとに株価水準を測る指標です。

「株を買ってみようかな」なんて気になる企業がある人は、企業名に「ＰＢＲ」を加えてネットで検索してみてください。いろんなサイトでＰＢＲの数字が見られると思います。

会社が保有している純資産（資産から負債を引いた純粋な資産）と時価総額（株価×発行済み株式数で求めるその企業の規模）がちょうど1対1だったらＰＢＲ1倍です。

「ＰＢＲ1倍割れ」は時価総額より会社が持っている純資産のほうが多いということです。

「ＰＢＲ1倍割れ銘柄」は純資産より株価が低く評価されている銘柄です。これは、その会社の事業に将来性がない、現経営陣に事業を成長させる力がないと投資家が判断していることになります。

その企業の本来の価値よりも安い値段で株を買えるので、買う側にとってはお得なのですが、この先も安いままである可能性があるので、飛びつくのは危険です。

日本の東証上場銘柄のなんと5割弱の会社がＰＢＲ1倍割れになっています。ちなみに

アメリカの上場企業でＰＢＲ１倍割れは全体の３～５％くらいです。

このことから、２０２３年の春に東証がＰＢＲ１倍割れしている企業に株価水準を引き上げるための具体策の開示を要請しました。

やはり、日本でも海外でも継続的に利益を出し、配当を増やせる優良企業へ分散投資することが重要です。

分配金も受け取れる！株と投資信託のいいとこ取り投資「ＥＴＦ」２選

３つ目の方法は、ＥＴＦ投資です。

ＥＴＦは、取引所（Exchange）で取り引きされる（Traded）投資信託（Fund）という意味で「上場投資信託」といいます。投資信託自体が上場している、という商品です。投資の世界に馴染みがない人にはちょっと不思議に感じられるかもしれません。

上場しているため、個々の企業の株式のように、投資信託を取引できます。また、配当（分配金）を受け取ったり、少額から分散投資もできます。つまり、**大切なことは株式と投資信託の「おいしいとこ取り」をしたような投資商品ということです。**

組み入れ銘柄が日々開示されるほど透明性が高く、投資信託より保有コストが安いなど、これから注目が高まっていくこと間違いなしの金融商品です。

ＥＴＦは、長期投資にも短期投資にも向いています。

ＥＴＦには次のようなメリットがあります。

1、分配金をもらえる
2、株のようにすばやく売買できる
3、手数料が安い

1、分配金をもらえる

ＥＴＦを定期収入のためにおすすめするのは、分配金がもらえるからです。

分配金は、運用によって得られた収益を投資家に分配するお金のことです。分配金は四半期や半年ごとに投資している株式などから得た配当等が運用会社から支払われます。

投資信託にも分配金の仕組みはあります。しかし実態は、１７９ページでお話しした通りです。投資信託の分配金というのは、配当と元本が混ざった後で、元本を一部分配するのです。

カルピスを想像してみてください。

カルピスで言うなら、原液が「配当」で、水が「元本」となります。水に原液を注いでかき混ぜた状態が、投資信託です。

それを一部だけ飲むということが、「分配金を受け取る」ということです。こうなっては、カルピスの原液だけを取り出すということは不可能ですよね。**つまり普通の投資信託では、原液にあたる「配当」だけを受け取るのは不可能というわけです。**

また、分配型を選ぶと定期的にお金が支払われる分、利息が元本に加えられる複利効果がなくなってしまうので、分配型はＮＧとしました。

しかし、それは将来的にお金を増やす場合の話。

定期収入目的で運用する場合は、分配金をそのまま受け取るほうがおすすめです。ＥＴＦは組入れた銘柄に配当等があるときは**必ず分配金として支払われます。**

投資信託がカルピスと水なら、ＥＴＦは油と水です。油が「分配金」で水は「元本」となり、混ざることはありません。決算のたびに、油（分配金等）だけをすべて取り出せる仕組みなのです。

ＥＴＦには「決算日」が設定されています。

年２回の決算であれば分配金は年２回、年12回なら毎月分配金が支払われます。

国内ＥＴＦには１月と７月の年２回の決算日を設定しているものが多い傾向があります。

２、株のようにすばやく売買できる

ＥＴＦは普通の投資信託と違い、株投資と同じ方法で取引されます。

投資信託は１日１回算出される基準価額で売買されます。リアルタイムで売買できるわけではなく、海外に投資する投資信託だと約定日《やくじょうび》（売買する価格が確定する日）は翌営業日になることが多いです。


ＥＴＦは株投資と同じで、取引所が開いている時間帯に売買できます。価格はリアルタイムで更新されていき、いつでも売買できるので、気軽に取引できます。

３、手数料が安い

ＥＴＦと投資信託を比較した場合、ランニングコストはＥＴＦのほうが安くなります。

なぜならば、投資信託には販売会社（金融機関）が介在するため、販売会社が受け取るコスト（手数料）が含まれるわけです。一方、ＥＴＦは上場しているため、投資家は市場で取引するだけでよく、販売会社が受け取るコストはかかりません。

なお、投資信託は証券会社のほか銀行や郵便局などでも購入できますが、ETFを購入できるのは証券会社のみです。

私のおすすめは海外の市場に上場している海外ETFです。大きな理由は、さまざまなETFがあることです。

海外ETFは現地通貨（米国なら米ドル）、現地時間での取引となります。ただし、分配金は現地通貨で支払われるので、外国債と同じように為替レートの影響を受けることになります。

ETFビギナーが知っておきたい5つのポイント

ETFは世界に1万本以上もあります。米国上場のETFが数も市場規模も大きいですが、日本でも東京証券取引所に上場するETFが増えてきています。

たくさんありすぎて選べない、と思われましたよね。そこで本書では米国上場のＥＴＦを中心に、どんなＥＴＦが優れているのか、ポイントを解説します。

そして最後に２本、おすすめ商品もご案内しています。ぜひ順番に読んでいただき、安心した状態になってから、投資を検討していただければと思います。

①各ＥＴＦの特徴

まず１つ目はそのＥＴＦがどういう特徴のものかを理解する必要があります。Ｓ＆Ｐ５００に連動するＥＴＦもあれば、高配当株式に分散投資するもの、債券に投資をするＥＴＦなどさまざまです。ＥＴＦの運用会社のホームページなどでチェックできますから、まずは何に投資をしているのかを確認しましょう。

②経費率

投資信託の信託報酬に近いもので、ＥＴＦを保有している間にかかる費用です。コストですから安いに越したことはありません。一般的に投資信託よりもＥＴＦのほうがコストが安い傾向にあります。

③分配金

ＥＴＦの分配金は年４回、毎月などＥＴＦによってさまざまです。ＥＴＦは投資している株式などから出た配当金等を、経費を引いてから全額分配金として出します。したがって分配金を受け取りたい人にとっては楽しみになりますが、再投資したい人の場合は自身で受け取った分配金でＥＴＦを購入するひと手間がかかります。

④税金

売却時の利益と分配金に対して課税されます。売却時の利益に対しては投資信託や株式と同様に20・３１５％かかります。米国上場ＥＴＦで注意が必要なのは分配金に対する課税です。米国で10％課税された後、その残り分に対してさらに日本で20・３１５％課税されることになります（二重課税）。ただし、確定申告を行うことで、全額または一部を取り戻すことも可能です。その人の所得によって異なるため、利益に対して最大で約28％課税されると考えてください。

⑤NISA成長投資枠の活用

上場している株式やETFは原則、新NISAの成長投資枠の対象です（つみたて投資枠の対象となるETFはごくわずか）。先ほど、二重課税の話をしましたが、新NISAで購入すれば配当は現地の10％課税のみで日本での20．315％は非課税になります（この場合、二重課税ではないので、現地の10％課税は確定申告で戻すことはできません）。また、2023年11月現在、分配金頻度が「毎月」のETFは新NISAの対象外のため、購入時は取引する証券会社で確認が必要です。

ここまでETFについて、ビギナーの方にとっては少し難しい内容だったかもしれません。ただ、**慎重に投資をしていきたい人にとって、定期的な分配金を受け取ることもできるETFは「大きな安心」になります。**今は難しくても、いつかは使いこなせるようになれることを願っています。

次ページから代表的なETFを2つ紹介します。商品の情報欄に「ティッカー」という項目があります。これはその商品を見分けるための固有のコードですので、商品を検索するときに役立ちます。

NISA つみたて投資枠　NISA 成長投資枠

バンガード・トータル・ワールド・ストックETF（VT）

米国のバンガード社のETFで、全世界の株式に投資を行うETFです。投資信託の146ページで紹介した「雪だるま」と同じくFTSEグローバル・オールキャップ・インデックスに連動を目指すETFです。

コストが非常に低く、経費率は0・07％です。「雪だるま」より安いことが分かりますね。

世界の株式への分散投資は王道ですから、まず長期的に保有するETFとして購入するならおすすめです。

組み入れ銘柄の1位はアップルです。

保有銘柄数は9964（2023年11月6日現在）で、国別・業種別でも分散がきいたポートフォリオで安定感があります。

◆商品の情報

・ティッカー：ＶＴ
・運用会社：バンガード
・経費率：年０・０７％（２０２３年11月6日時点）
・分配金利回り：１・７２％（２０２３年11月6日時点）
・分配金成長率（5年）：３・５６％
・分配頻度：年４回

NISA つみたて投資枠 NISA 成長投資枠

バンガード・米国増配株式ETF（VIG）

こちらもバンガード社のETFですが、アメリカの連続増配企業に分散投資するETFです。

10年以上連続で増配している企業に投資をしています。

150ページのおすすめ投資信託で紹介した「配当貴族」に似ています。

配当貴族指数は25年以上連続増配企業ですが、こちらは10年以上と短めです。

組み入れ銘柄の1位はマイクロソフトですが、現在21年連続増配のため、配当貴族指数の対象からは外れます。

連続増配企業は利益成長も同時にしていて、配当だけでなく株価の上昇も期待できる企業が少なくありません。それなら「25年」を待たずに投資しておいたほうが良いのではという考えもできますよね。

その他にVISAにも投資していますが、一般的にVISAの配当利回りは1％以下で「配当株式」のイメージはない人も多いと思います。しかし過去10年で配当は約5倍、かつ株価も約5倍に上昇しています。25年まで待っていたら機会損失を起こしたことになります。

株価の上昇と配当の増加を期待できるため「一粒で二度おいしい」ＥＴＦと言えるかもしれません。

◆商品の情報

- ティッカー：ＶＩＧ
- 運用会社：バンガード
- 経費率：年０・０６％（２０２３年11月６日時点）
- 分配金利回り：１・９５％（２０２３年11月６日時点）
- 分配金成長率（５年）：９・５２％
- 分配頻度：年４回

私はこのPART5でお話ししてきた「債券」「株式」「ETF」という3つの投資に関して、クライアントにはいずれも投資対象が海外の商品をすすめています。

日本円は今、アジアでもっとも弱い通貨だと言われています。ドイツ銀行に「日本円はトルコ・リラやアルゼンチン・ペソと同じ部類に属する」とまで言われているくらいです。

これはつまり、銀行にいくら貯金があったとしても、日本円だけだと、その価値はどんどん下がっていくということです。何もしないままだと、資産は目減りしてしまいます。

だから、海外の強い外貨を買うことで、資産を守るしかないのです。

投資対象が海外の商品も日本の証券会社で気軽に買えるので、慎重すぎる人こそ、資産を守るために視野に入れていただきたいと、切に願います。

PART 6

「慎重すぎる私」の強力なサポーターを見つけよう

人生に必要な専門家とは誰か？
医師、弁護士、そして――

これまで、長期の積み立て投資の大切さを中心に話してきました。

長期的なリターンが期待できる世界の株式を毎月購入し続けることで、時間を分散して投資できます。

この投資は、投資の売買が苦手な「慎重な人」にとって有効な手法です。

誰にでもできるシンプルなものですが、いざ計画を立てて実行しようとするとさまざまな疑問や質問、悩みが出てきます。

「自分はＮＩＳＡとｉＤｅＣｏ《イデコ》のどちらを使うほうがいいのだろうか」

「毎月いくら積み立てをすればいいのか」

「保険でも積み立てを行っているが投資信託のほうがいいのか」

「5年積み立ててきたが、転職して収入が減った。積み立て金額を調整すべきか」

挙げればきりがないほど、たくさん悩みは出てきます。

そんなときは1人で考えるより、信頼して相談できるプロがいれば、強い味方になります。では、相談できるプロはどこにいるのでしょうか。

アメリカでは、**「人生に必要な専門家は医師、弁護士、ファイナンシャルアドバイザー（FA）だ」**と言われています。

自分のことをよく知っているかかりつけ医や主治医は必要だと、日本でも言われますが、ファイナンシャルアドバイザーが必要だとは言われません。

しかし、資産運用の計画や実行・継続のサポート、そのほかにもさまざまな金融商品の相談ができる専門家がいれば心強いはずです。

ちなみに、よく耳にするファイナンシャルプランナー（FP）は、FAとは似て非なるものです。

ファイナンシャルプランナーという資格はありますが、資格がなくてもファイナンシャルプランナーと名乗れます。主に家計に関するファイナンシャルプランニングのアドバイスを行う人全般を指します。ＦＰは投資信託などの**「金融商品をすすめて対価を受け取ってはいけない」**ことになっています。

一方、ＦＡは、金融商品仲介業者として内閣総理大臣の登録を受けないと活動できません。ＦＡのうち、金融機関に属さない私のような独立系がＩＦＡ《アイエフエー》（Independent《インディペンデント》 Financial《ファイナンシャル》 Advisor《アドバイザー》）です。

現在は少しずつ認知されてきましたが、ちょっと前の日本では、医師や弁護士にはお世話になっても、ＦＡとは一生縁がない人が大半でした。証券マンだった私ですら偶然のきっかけで知ることがなかったら、きっと無縁のままだったでしょう。

医療に関することは医師に、法律に関することは弁護士に相談するのは当たり前なのに、資産運用についてＦＡに相談しようと思う人はほとんどいません。それは、長期的な資産運用のアドバイスを行うＦＡが少なかったことが大きな原因だと考えています。

私たちは子供の頃からお金の教育をまったく受けてきませんでした。学校で水泳を習うのと同じように、**お金について学ぶことは、社会の荒波を泳いでいくために必要な知識です。**

日本ではまだまだ「露骨なお金の話はよろしくない」というタブー的な雰囲気が根づいています。

私自身、証券会社に入社するまで投資をした経験はありませんでした。経済や金融の知識は皆無に等しいくらいでした。だから、入社してすぐの研修は話がチンプンカンプンで、「これはまずいな」と慌てて勉強を始めました。

ここまでもお話ししてきたように、資産運用はその人に合ったプランを立て、実行していく必要があり、専門的な知識を要します。本当は資産運用の知識があるプロに相談するのは自然なことではないでしょうか。

しかし、残念ながら日本ではその資産運用のプロのレベルが玉石混淆《ぎょくせきこんこう》です。

私たちFAの世界でも、「長期の資産運用」を全面的に任せられる適任者が少ないというのが現実です。

FAに資産運用の相談をしたのに保険しかすすめられないケースや、短期的な売買をすすめられるケースもあり得ます。だから、資産運用全般のアドバイスをできるのか、皆さんご自身でも相談して見定める必要があります。

私たちの会社は、アドバイザー全員が長期の資産運用の相談をお受けできるよう研修や知識のアップデートを行い、質を担保していますが、相談した相手が何のプロなのかは確認する必要があります。

医師が専門性によって内科や外科に分かれているように、金融のアドバイザーにも専門性が少なからずあります。ここまで本書で記してきた「長期の資産形成」に沿わない提案や、少しでも気になることが出てきたら、セカンドオピニオンを聞いてみることをおすすめします。

アメリカで資産運用が活発になったのは、ここ30年くらいの話です。

それを後押ししたのはFAでした。株式の売買を仲介するブローカーではなく、長期の資産運用をサポートするFAが増えました。**そのアドバイスを受けて資産運用に成功した人が続出**して、FAに相談することが一般の人に根づいていったのです。

アメリカを視察したとき、広くFAに相談する文化が根づいていることに衝撃を受けたものでした。

日本はアメリカより金融に関しては20年くらい遅れていると言われていますが、その通りかもしれないと、私はアメリカを視察して実感しました。

「IFAって何のこと？」から日本一のアドバイザーになるまで

私が証券会社を辞めてIFAとして独立したとき、会社の同僚や上司は、「**IFA？何それ**」みたいな反応でした。

今はもう少し認知度は上がっていると思いますが、10年くらい前は金融業界にいる人間でさえ、IFAのことを知らない状況でした。

それでも、私は自分がやろうとしていることに対して、失敗する気はみじんもありませんでした。不安がなかったと言ったらウソになりますが、IFAはこれからの日本に絶対に必要だという使命感があったのです。

妻に思い切って打ち明けると、「いいんじゃない？　あなたには向いていると思う」と背中を押してもらい、33歳で独立しました。

最初は妻とサラリーマン時代の後輩と3人で会社を立ち上げて、紆余曲折を経て会社も少しずつ大きくなり、社員も増えていきました。現在では、〝正社員〟のＦＡを擁するＩＦＡとしては、日本でいちばん大きな会社となりました。

これからもあのときの初心を忘れず、さらに成長して、皆さんの資産運用に貢献していきたいと考えています。

アメリカと日本、なぜ財産に差がついたのか

日本人の金融資産は30年で約2倍になりました。

一方、同じ30年で**アメリカ人の資産は約7倍になっています**。アメリカほどではなくても、ヨーロッパと比較しても日本は大きく差をつけられています。

なぜこれだけの違いが生まれたのか。そのいちばんの理由は資産運用にあると言われています。

長期的な資産運用をする人としない人では、大きな差が生まれます。

この30年の間に、アメリカでは投資優遇税制の拡大などが行われてきました。それにともない、ファイナンシャルアドバイザーに相談しながら、長期的な資産運用を実行する人が増えました。ファイナンシャルアドバイザーを付けるというと一部の富裕層の行動とい

うイメージがあるかもしれません。けれど、今お伝えしているのは、**アメリカの一般人の投資の話です**。

アメリカにはさまざまなＦＡ会社があり、さまざまな資産形成のサービスが提供されており、一般の人々に広く利用されています。

ファイナンシャルプランニングを立て、長期的に資産運用を実行し、彼らの人生はよりいっそう豊かになっていきます。

この現実を、資産運用大国アメリカに視察に行くたび、私は肌で感じています。そして同時にこう思うのです。

「アメリカで実現されたことならば、必ず日本でも実現できる」

この想いで、日々アドバイザーという仕事に取り組んでいます。

信頼できるアドバイザーには絶対に欠かせない3つの条件がある

日本でもＩＦＡ（金融商品仲介業）は増えてきていて、６５００人くらいの登録があります。多いと感じるかもしれませんが、本場のアメリカでは、人口は日本の約3倍程度なのに、独立系のＦＡは約20倍の12万人以上いると言われています。

そして日本では、先述の通りまだまだ玉石混淆と言われており、質の低いＦＡも少なくありません。

ここでは、信頼できる専門家の見極め方をご紹介します。

①いきなり商品の話をしない

医師や弁護士とＦＡが圧倒的に違う点があります。

医師や弁護士は相談相手の話をヒアリングしてから処方や対処を決めます。病院に診察に行って、いきなり「製薬会社から出たばかりの新しい薬を試してみませんか?」と言われることはありません。

ところが、お金のアドバイザーの中には「今、おすすめの商品はこれです」といきなり商品を提案する人もいます。相手の資産の状況や将来のプランニングなど何も知らないまま、「円安になっている今なら買いです」などとアピールするのです。

もちろん、本人たちは顧客のためを思って提案していると思います。

ですが、相場を完全に読むことは神様しかできないので、「今ならこの商品が買い」「今はドル円で勝負しましょう」のようにトレンドをすすめる「専門家」には気を付けましょう。

②長期の資産運用を考えてくれる

顧客の目標に向かってファイナンシャルプランを一緒に考えてくれるFAなら、信頼してもいいと思います。

ファイナンシャルプランに基づいて商品をすすめるなら、「今なら」という言い方ではなく、その顧客の目標に合わせて、生涯金銭面で困らないような計画を提案するはずです。自然と長期的な話題になりますし、保険や年金、相続などの幅広い話になるでしょう。

③資産残高に対して報酬をもらう

報酬も、大事な見極めポイントです。

報酬は、顧客が商品を売買するたびに手数料などの料金がかかるタイプと、顧客の運用資産残高に対して一定額の料金がかかるタイプがあります。

前者は顧客が短期的に取引を繰り返してくれたほうが手数料が入ります。手数料を売買の都度しか受け取れないと、長期的な視点に立ってのアドバイスはなかなかしづらいでしょう。

後者は、顧客の資産が増えれば自分たちの手数料も増えるので、長期的な資産運用を考えます。

運用残高に連動した料金にしているFAなら、顧客の利益を優先してくれると考えられます。

アメリカは顧客の資産残高に対してフィーを受け取るのが主流になっています。

たとえば資産残高の年1％のフィーをもらう契約なら、３０００万円の資産に対してもらえるのは年に30万円。資産が増えれば増えるほどフィーは増えますし、減ったらフィーは減ります。これなら顧客と利益相反《そうはん》を起こしにくい仕組みと言えます。

ＩＦＡは、顧客が証券会社などに支払った手数料の一部を証券会社からもらう仕組みです。

「それだと、証券会社の営業方針に左右されるのでは？」と疑問に感じる方もいらっしゃるかもしれません。

しかし、証券会社から「この商品をすすめてほしい」と言われることはありませんし、仮に言われたとしても、顧客の利益にならないならすすめないというのが、私たちのポリシーです。

私たちが楽天証券と業務契約を結んでいるのは、取り扱い商品数が国内トップレベルだからです。さらに、さまざまな運用会社等の商品を扱っているので、１つの会社に縛られないで提案できます。

また、そのほかにもスマートプラン社と投資運用サービス「Smart Manager（スマートマネージャー）」を共同開発しました。クライアントの長期的な運用ゴールを複数設定できる運用サービスで、ゴールまでの進捗管理もできます。私の会社ならではのオリジナルブランドサービスということで、おかげさまでご好評をいただいています。

先述の通り、医療ではセカンドオピニオンで自分が納得する治療をしてくれる医師を探すのが、スタンダードになりつつあります。資産運用も、複数のＦＡに相談して自分が信頼できる人を見つけたほうが安全です。

ＡＩが活躍するのは「短期売買」のみ「長期運用」は人間にしかアドバイスできない

ニューヨークのゴールドマン・サックス本社には、最盛期には６００人のトレーダーが株を売買していましたが、もうほとんどいなくなったというニュースが数年前に話題になりました。ＡＩ（人工知能）に置き換わってしまったのです。

今や機関投資家の世界はＡＩ対ＡＩの戦いになっていて、膨大なデータをもとにＡＩが瞬時に売買を判断しています。つまり、「どの会社のＡＩが迅速に売買できるのか」という世界になりつつあるのです。

個人投資家が機関投資家に勝つのはそもそも難しいのですが、**ＡＩが相手となると、勝てる可能性はゼロに近い**と言っても過言ではありません。

近年、「フラッシュ・クラッシュ」と呼ばれる株価が瞬間的に暴落する現象が頻繁に起きています。これはＡＩが超高速売買をしているのが原因です。

２０１３年に、フェイクニュースでフラッシュ・クラッシュが起きた例があります。「シリア電子軍」を名乗るシリアのハッカー集団がＡＰ通信のアカウントを乗っ取って、「ホワイトハウスで2度の爆発、オバマ大統領が負傷」というフェイクニュースを速報で流しました。その瞬間、大量の株が売りに出されて、ダウ工業株30種平均は急落しました。数分間で元に戻りましたが、意図的に市場を操れるようになったということです。

そんな瞬時に勝負が決まる世界なので、人間はどんなに頑張っても太刀打ちできません。短期の売買の世界では、個人のデイトレーダーは駆逐されるでしょう。

さらに、資産運用の世界にもＡＩは入ってきました。

最近では「ロボットアドバイザー」なるものも現れました。ロボットアドバイザーは、いくつかの質問に答えるだけで、ＡＩが投資家のリスク許容度に合わせた最適な運用を提案するだけではなく、運用もメンテナンスもすべてしてくれるサービスです。

若者も気軽に利用しているようです。このような世の中の流れから、ＦＰやＦＡは、ＡＩに取って代わられる職業だとも言われています。

しかし、私はＡＩが活躍するのは「短期売買」の投機の世界で、資産運用の世界では当面はそれほど活躍できないのではないかと推測しています。

なぜなら、ＡＩは膨大なデータを分析して活用するのは得意でも、感情がないからです。

人間には「将来は夫婦で田舎に引っ越したい」「マイホームは買わなくていいから趣味の海外旅行にお金を使いたい」「一生独身で悠々自適に暮らしたい」などと、理想とする生き方やこだわりがさまざまにあります。

それは数字などのデータだけで測ることはできません。それに、人は自分自身でも気づいていない本心が潜んでいる場合もあります。人は感情で動く生き物なのです。

そして、ＡＩはメンタル面のサポートまではしてくれません。コロナショックのように価格が暴落して売りたくなったときに、ＡＩはデータで「今売ってしまうと、これだけ損する」と止めてくれても、心の不安や恐怖を解消してはくれません。

私たちの目指す中長期の資産運用では、５分後や10分後の株価は関係ありません。

５年後、10年後、あるいは20年後や30年後にどうなっていたいのかというゴールが重要です。

したがって、まだまだ私たちが世の中の個人投資家のために貢献できることは山ほどあるのだと信じています。

「今」投資を始めた人は「10年後」に自分を褒《ほ》めている

25歳で貯金はゼロに近い会社員と、60歳で1億円の貯金がある定年退職したばかりの男性。

どちらが安心した人生を送れると思いますか?

数字だけ見たら60歳で1億円の資産がある男性のほうが、悠々自適な生活を送れるように感じるかもしれません。しかし、将来に対して悲観的で、不安でいっぱいになっているのは60歳の男性かもしれません。

ファイナンシャルアドバイザーの仕事をしていると、1億や2億のお金を持っている人に出会う機会もあります。その中には、現役時ほどの収入がないせいで、貯蓄を取り崩すことに不安を持つ人が少なくありません。

一方で、たとえ貯蓄がなくても、仕事をしていて定期的な収入がある人はあまり将来を心配していない傾向があります。

一体いくらあれば安心できるのでしょうか？

2019年に「老後資金2000万円問題」が起きましたが、おそらく1億円持っていても2億円持っていても、不安はなくならないでしょう。

年金は今と同じ水準だろうか。

高齢者施設に入ることになったらどうしよう。

マイホームが老朽化するかも。

心配ごとは限りなく、どれくらいのお金があったら最期まで悠々自適の生活を送れるのか、不安になるのは自然なことです。

私は、その不安をなくすことができるのが、投資信託などの積み立てによる資産運用なのだと思っています。**積み立て投資を中心とした「臆病で慎重すぎる投資」を体が覚える状態になれば、不安はグッと小さくなります。**

運用のリスクをゼロにはできませんが、何もしないでお金が減っていくのを眺めていくだけの生活は、とても不安ではないでしょうか。そんな気持ちを少しでも軽減するためには、「正しいリスクの取り方」を実践することが大切です。

資産運用は定年退職を迎えるくらいになってから、と考える人もいるかもしれませんが、始めるのは早いに越したことはありません。

収入がある段階でスタートしたほうが、「元手が減る」という不安感が少ないからです。ある程度攻めの資産運用をすることもできます。

運用できる時間がその分長くなりますから、長期運用という点ではずっと有利です。だから、「これからの人生で、今日が一番若い」ということを思い出して、1日でも若いうちから運用を始めましょう。

先が見えずに不安になりやすい時代だからこそ、10年後のことを考えて資産運用を始めれば、**きっと10年後には今の自分に感謝したくなるはずです。**

「桃栗三年、柿八年」ということわざがありますが、これに私は「資産運用丸十年」をつけ足します。

資産運用を空気のような当たり前の存在に感じるには、体が覚えるまで10年くらいはかかります。最初はどうしても力が入ってしまい、値動きに敏感に反応してしまいますが、安心してください。慣れてきたら放っておいても大丈夫だと感覚的に分かってきます。

何か事情があって途中で資産運用をやめるにしても、大丈夫です。しばらくしてから始めたときには、きっと体が覚えているはずです。

不景気になって給料が多少減っても、備えがあれば生活は守れますし、何より平常心を保っていられます。

本書が、皆さんが激動の時代でも生き抜いていける道標になれれば幸いです。

おわりに

家で過ごす時間には、皆さん何をしていますか？

私はよくユーチューブやネットフリックス、またはアマゾンのプライムビデオで動画を観たり、ｉＰｈｏｎｅでメールやＳＮＳをチェックしたりしています。

ふと気づくと、日常のすべてをＦＡＡＮＧ《ファング》に頼っていることに気づかされます。

ユーチューブはグーグルの、インスタグラムはメタ（旧フェイスブック）の傘下ですからね。

このような状況ですから、当然のようにいま、世間ではこのＦＡＡＮＧを中心とした米国株の投資ブームが起きています。

私の目には、この現象こそが「バブル」そのものに映っています。

読者の中には、お金儲けではなく、「将来への不安」を払拭したくて投資を始めたい、あるいは少しだけ始めている方が多いことでしょう。

正直に言えば「投資したい」のではなく、きっと「安心していたい」のではないでしょうか。

そして私は、その思いに強く共感しています。

将来のためだからと、毎日ハラハラするような投資はやめましょう。

一度決めてしまえば、あとは何も考えなくていい、忘れていてもいい。

臆病な人でも、慎重すぎる人でも、怖がりな人でも、楽な気持ちで投資を続けてほしい。

むしろそんな投資こそが、最後には実り大きくなるはず。

そんな安心感を得られる「資産運用のスタンダード」を広めたいという想いを社名に込めて、これからもみなさんのサポートに励みたいと思っています。

最後になりましたが、ファイナンシャルスタンダードの仲間、お世話になっている証券会社や運用会社の皆様、信頼・応援を寄せてくださっている顧客の皆様、わが社に関わるすべての方々と、本書をお読みくださった読者の皆様に、この場を借りて御礼を申し上げます。

本書を読んでみて、未来に対して少しでも明るい気持ちになれた人がいたとしたら、著者として望外の喜びです。

２０２３年11月吉日

福田　猛

著者

福田　猛

資産形成コンサルタント
ファイナンシャルスタンダード代表取締役
1400億円以上を仲介で預かる日本トップの投資アドバイザー集団、ファイナンシャルスタンダード株式会社を率いる創業社長。大手証券会社を経て、2012年に同社を創業。これまでに6000人以上のお金の悩みをサポートしてきた“お金のお医者さん”。
大手金融機関に属さない独立系アドバイザー（IFA）として、ファイナンシャルプランと資産運用で、個人投資家の味方になれる存在。楽天証券IFAサミットでは、トップ10に11年連続で表彰される。「正社員型」のIFAとしていま日本でいちばん信頼されているアドバイザーだが、ひとたび帰宅すれば、家族（愛犬はミニチュアダックス）とウイスキーを愛するいたって庶民的な40代男性。

参考文献ならびに参照ウェブサイト

『デジタル大辞泉』（小学館）

『ウォーレン・バフェットの生声 本人自らの発言だからこそ見える真実』
ディヴィッド・アンドリューズ・編、石田文子・訳（文響社）

『はじめての人のための 3000 円投資生活　新 NISA 対応版』横山光昭（アスコム）

『改訂新版 ETF はこの 7 本を買いなさい』朝倉 智也（ダイヤモンド社）

マネクリ「ウォーレン・バフェット氏のポートフォリオの 25%を占める高配当利回り株 5 銘柄」
https://media.monex.co.jp/articles/-/22645

Bloomberg「円はトルコ・リラやアルゼンチン・ペソと同じ部類、ドイツ銀が指摘」
https://www.bloomberg.co.jp/news/articles/2023-11-01/S3GCGRT1UM0W01

ダイヤモンドオンライン「秀吉をあわてさせたヤバい計算」永野裕之
https://diamond.jp/articles/-/240078

au カブコム証券「日本株と米国株～過去 30 年の株価の推移は～」
https://kabu.com/item/foreign_stock/us_stock/column/5.html

本書は、2020年11月に飛鳥新社より刊行された『お金の不安から一生自由になれる考えない投資生活』に加筆し、情勢に合わせて大幅に再編集したものです。

この世でいちばん
臆病な投資生活

2023年12月15日　初版印刷
2023年12月25日　初版発行

著　者　　福田 猛

デザイン　小口翔平＋畑中茜（tobufune）
本文デザイン　相原真理子
イラスト　髙柳浩太郎
撮影　片桐 圭
校閲　槇 一八
組版　天龍社
編集協力　大畠利恵
編集　三宅隆史

発行人　黒川精一
発行所　株式会社サンマーク出版
〒169-0074　東京都新宿区北新宿 2-21-1
電話　03-5348-7800（代表）

印　刷　共同印刷株式会社
製　本　株式会社村上製本所

ISBN978-4-7631-4091-3　C0030
https://www.sunmark.co.jp

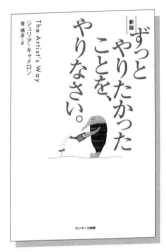